Lisa Jares
Sozialraumorientierung in der Kita

Die Kita im sozialen Raum

Herausgegeben von Lisa Jares

Die deutsche Gesellschaft verändert sich stetig; dieser Umstand bildet sich auch in Kindertageseinrichtungen ab. Längst sind Betreuungseinrichtungen nicht mehr scheinbar isoliert. Die seit einigen Jahren aktiv forcierte Erziehungspartnerschaft zwischen pädagogischen Fachkräften und Eltern lässt die Grenzen der frühpädagogischen Erziehung verschwimmen. Zudem werden Familien „bunter". Zwar herrscht die klassische Familienform noch immer vor, doch werden zunehmend auch andere Familienmodelle bedeutsamer, etwa „Regenbogen- und „Patchworkfamilien", oder Alleinerziehende, ebenso wie Familien mit Migrationshintergrund (aktuell: Geflüchtete aus der Ukraine). Auch sind Kinder zuweilen von Konflikten betroffen, die einer unbeschwerten Kindheit im Wege stehen, etwa: Arbeitslosigkeit eines Elternteils/Bedrohung durch Armut, Behinderung, (subjektive/objektive) Verschlechterung des Gesundheitssystems/Krankheit bzw. Abhängigkeit oder Verlust eines Elternteils, Extremismus, (häusliche) Gewalt, (sexueller) Missbrauch oder Leistungsdruck.
Diese Umstände wirken sich unmittelbar auf die Situation in den Gruppen der Einrichtungen aus und lassen sich allein im Gruppengefüge kaum klären. Ohne den Austausch mit den Eltern – und damit der Kenntnis über die aktuelle Lebenssituation der Kinder – und gelegentlich auch die Beratung externer Fachkräfte ist eine bedürfnisorientierte Betreuung vieler Kinder kaum möglich.
Doch auch bei Kindern, deren Umfeld nicht konfliktbehaftet ist, scheint es unabdingbar, „über den Tellerrand" zu blicken und somit den sozialen Nahraum der Kindertageseinrichtungen einzubeziehen – etwa Institutionen im Stadtteil (z. B. Bibliothek) oder Orte, die eine wichtige Rolle im Lebensalltag der Kinder spielen.
Die Reihe „Kita und Sozialraum" möchte mithilfe kompetenter Autor_innen aus frühkindlicher Forschung und Praxis diese veränderte Lebenswirklichkeit von Kindern abbilden, um mögliche Synergien zu schaffen zwischen bedeutenden Anlaufstellen im Leben der Klein(st)kinder.

Lisa Jares

Sozialraumorientierung in der Kita

Die Autorin

Dr. Lisa Jares ist Redakteurin bei ErzieherIn.de und Socialnet-Lexikon. Sie hat Diplom-Sozialpädagogik studiert, einen Master in Pädagogik und Management in der Sozialen Arbeit absolviert und anschließend an der Universität Duisburg-Essen im Fachbereich Bildungswissenschaften zum Thema „Sozialraumorientierung in der Frühpädagogik" promoviert. Sie ist Fachberaterin für Kindertageseinrichtungen und Lehrbeauftragte in kindheitspädagogischen Studiengängen an verschiedenen Hochschulen.

Dieses Buch ist erhältlich als:
ISBN 978-3-7799-7216-7 Print
ISBN 978-3-7799-7217-4 E-Book (PDF)

1. Auflage 2023

Herstellung und Satz: Ulrike Poppel
Druck und Bindung: Beltz Grafische Betriebe, Bad Langensalza
Beltz Grafische Betriebe ist ein klimaneutrales Unternehmen (ID 15985-2104-100)
Printed in Germany

Weitere Informationen zu unseren Autor_innen und Titeln finden Sie unter: www.beltz.de

Inhalt

1 Einleitung – Kindheit und Familie wandeln sich

Man benötigt ein ganzes Dorf, um ein Kind zu erziehen. Dieses Sprichwort wird häufig genutzt, um zu verdeutlichen, dass die Erziehung, Bildung und Betreuung von Kindern keine Aufgabe ist, die „allein" bewältigt werden kann. Es sagt aus, dass es für die Entwicklung von Kindern einer vielfältigen Umgebung bedarf, an der verschiedene Personen und Institutionen einer Gesellschaft beteiligt sind. Heitkötter et al. (2008, S. 10) formuliert in diesem Kontext, dass „Einrichtungen, in denen die Familie als Ganzes, als Lebenszusammenhang im Zentrum stehen, in denen kinderfördernde und elternunterstützende Angebote gleichermaßen die Basis bilden, in denen für Eltern und Kinder eine anregungsreiche Mitwelt organisiert wird und familienergänzende Leistungen bereitgestellt werden, müssen (die) verloren gegangene Funktion des einstigen „Dorfes substituieren gewissermaßen sekundär sicherstellen" (Heitkötter et al. 2008, S. 10). Im Zuge dessen hat auch die Kindertageseinrichtung als pädagogischer Ort sich verändert. Kitas, die früher ausschließlich ihren Blick auf die Erziehung, Bildung und Betreuung von Kindern gelegt haben, müssen heute weitreichendere Leistungen erbringen und die Familie und den Nahraum mit in den pädagogischen Alltag einbinden. Kitas erfahren dadurch einen Wandel zu Dienstleistungs- und Familienzentren, die zugängig für alle Familien im Stadtteil sein sollen. Sie werden zu „Kitas im Sozialen Raum" (Blankenburg/Rätz-Heinisch 2009). Eine sozialräumliche Ausrichtung wird somit politisch und fachwissenschaftlich als relevant angesehen, in der Praxis fehlt es jedoch an Handlungsleitfäden bezogen auf das sozialräumliche Arbeiten von Kindertageseinrichtungen.

Genau hier setzt das vorliegende Buch an. Es werden die theoretischen Hintergründe von Sozialraumorientierung erläutert und den pädagogischen Fachkräften darauf aufbauend Handlungshinweise gegeben, um Sozialraumarbeit in der Kita zu etablieren und eine professionelle räumliche Haltung zu entwickeln. Methoden der Erschließung des Sozialraumes werden vorgestellt und die verschiedenen Ebenen von Sozialraumarbeit betrachtet. Um auch anschaulich ein Bild von gelungener Sozialraumarbeit zu bekommen, werden sozialräumliche Modellprojekte aufgezeigt.

2 Veränderte Anforderungen an pädagogische Fachkräfte

Ausgehend vom gesellschaftlichen Wandel und den sich damit veränderten Lebensbedingungen müssen die Ressourcen von Familien durch angepasste und niederschwellige Bildungs-, Erziehungs- und Beratungsangebote gestärkt werden (vgl. Diller/ Schelle 2009, S. 11). Hierfür bedarf es eines kommunal abgestimmten Systems von Bildung, Betreuung und Erziehung. Durch eine enge Verknüpfung von Kindertageseinrichtungen und weiteren Institutionen im Sozialraum, können Familien umfassend erreicht und passgenau unterstützt werden. Kindertageseinrichtungen eignen sich hier besonders als Anlaufpunkt für Familien, da 91,7% aller Kinder im Alter von drei Jahren bis zum Schuleintritt eine Kindertageseinrichtung in Deutschland besuchen (vgl. Statistisches Bundesamt 2022). Der in der Regel mehrjährige Besuch von Kindern einer Kindertageseinrichtung sowie die alltäglichen Begegnungen und der regelmäßige Kontakt mit den Eltern ermöglichen einen intensiven Beziehungsaufbau zwischen Fachkräften und Familien und schaffen zugleich die Basis für einen niederschwelligen Zugang zu Familien.

Abbildung 1 Fokus von Kindertageseinrichtungen

Historisch lag der Blick in der Kita auf der Bildung, Erziehung und Betreuung von Kindern im Gruppenkontext und ergänzender Elternarbeit im Sinne von Tür- und Angelgesprächen sowie Entwicklungsgesprächen. Im Blickfeld ist natürlich auch im Zuge des gesellschaftlichen Wandels immer noch das Kind, aber der Blick geht weiterhin auf die Eltern, Geschwister und Großeltern sowie Bewohner:innen des Nahraumes. Der Sozialraum soll quasi miteinbezogen werden in den Alltag der Kindertageseinrichtung. Verbunden damit führen die veränderten Anforderungen an Kindertageseinrichtungen auch zu einer Veränderung des Aufgabenspektrums von den dort tätigen Fachkräften:

Reguläre (Leitungs-)aufgaben

→ Planung und Durchführung der pädagogischen Erziehungs- und Bildungsarbeit
→ Personalführung (Koordination der Mitarbeiter:innen, Teamgespräche etc.)
→ Zusammenarbeit mit Eltern und Elternrat
→ Zusammenarbeit mit anderen Institutionen (Schule, Ausbildungsstätten, Kitas etc.)
→ Zusammenarbeit mit dem Träger
→ ...

Zusätzliche (Leitungs-)aufgaben

→ Öffnung der Tageseinrichtung zum Sozialraum/Einbeziehung des Sozialraums
→ Abstimmung des erweiterten Konzeptes mit dem Träger
→ Einbindung des Teams in die Weiterentwicklung
→ Verstärkte Einbeziehung der Eltern in den pädagogischen Alltag
→ Verantwortung für die Initiierung und Durchführung neuer vielfältiger Angebote
→ Abstimmung und Organisation des Raumangebotes
→ Abstimmungsgespräche und Vereinbarungen mit Kooperationspartnern
→ Verstärkte Öffentlichkeitsarbeit
→ ...

Hinweis: Die Kindertageseinrichtung ist ein Lern- und Lebensort für Kinder und Familien und im Zentralen geht es um die Trias Arbeit mit den Kindern, Zusammenarbeit mit den Eltern sowie Vernetzung im Sozialraum.

Abbildung 2 Trias Kita als Lern- und Lebensort

3 Sozialraumorientierung theoretisch betrachtet

Der Handlungsansatz der Sozialraumorientierung findet in der Diskussion der Frühpädagogik bisher wenig Beachtung, wohingegen in der Disziplin der Sozialen Arbeit eine breite Auseinandersetzung mit der Thematik stattfindet.

Hinweis: Bei der Sozialraumorientierung handelt es sich nicht um ein einheitliches, grundlegendes, handlungsleitendes Konzept, sondern vielmehr um einen Handlungsansatz.

Die Debatte, soziale Dienstleistungen am sozialen Raum auszurichten, gewinnt seit den 1990er Jahren steigend an Beachtung. Als „Vorreiter" sozialraumorientierter Konzepte in Deutschland gelten die Gemeinwesenarbeit sowie die stadtteilbezogene Soziale Arbeit (vgl. Hinte 2002, S. 92), sowie insbesondere das von Hans Thiersch geprägte Konzept der Lebensweltorientierung, welches den Begriff der Alltagsorientierung ablöste. Unter Lebenswelt wird ein „strukturiertes Gefüge ganzheitlicher, räumlicher, zeitlicher und sozialer Bezüge" begriffen (Thiersch 1993, zit. in Hamburger 2008, S. 137). Die lebensweltorientierte Soziale Arbeit hat zum Ziel, Individuen unter der Berücksichtigung ihrer lebensweltlichen Einbindung zu stärken. Der Begriff der Lebenswelt ist subjektbezogen, es steht demnach der Einzelne mit seinen räumlichen und sozialen Bezügen im Fokus der Betrachtung. Die lebensweltorientierte Soziale Arbeit hat hier zum Ziel, Individuen unter der Berücksichtigung ihrer lebensweltlichen Einbindung zu stärken (vgl. Hamburger 2008, S. 137f.). Die Lebensweltorientierung beschreibt einen anderen Zugang als der Sozialraum-Begriff (vgl. Merchel 2001, zit. in Deinet 2002, S. 33).

Auseinandersetzungen mit dem Thema „Raum" finden sich bereits im 20. Jahrhundert. So zum Beispiel bei Elisabeth Konau, Henri Lefebvre und Georg Simmel (vgl. Kessl/Reutlinger 2010, S. 22). Konau entwickelte die Theorie, dass die materielle Verfasstheit von Räumlichkeiten die Wahrnehmung und auch das Verhalten von städtischen Akteuren prägt (vgl. Konau 1977 zit. in Muri/Friedrich 2009, S. 135). Lefebvre (2005, Erstveröffentlichung 1974) sieht Räume als gesellschaftliche Produkte an. Über die Analyse von Räumen rekonstruierte und kritisierte er die Gesellschaft (vgl. Macher 2007, S. 30). Nach Simmel (1992) war die Vorstellung, Räume als unabhängig von sozialen Strukturen, Interaktionen und deren Interpretationen zu sehen, ebenfalls nicht haltbar. Im Mittelpunkt steht für ihn das Verhältnis zwischen sozialen Beziehungen und Raum (vgl. Ahrens 2008, S. 79/89).

Zwei konkurrierende Raumbilder finden sich in der Literatur wieder, so der absolute Raum und der relative Raum. Die Vorstellung des „absoluten Raumes" sieht den Raum als Container an – als etwas, was immer gleich und unbeweglich bleibt. Die gegensätzliche Vorstellung von Raum ist die Vorstellung vom „relativen Raum". Hier wird davon ausgegangen, dass Räume nicht unabhängig von Menschen bestehen können (vgl. Kessl/Reutlinger 2010, S. 22). Das Raumverständnis des „relativen Raumes" schließt an das räumliche Verständnis von Pierre Bourdieu an. Bourdieu bezeichnet nicht einzelne Wohnareale, Stadtviertel oder Straßenzüge als einen Sozialraum, er sieht Gesamtgesellschaften als „soziale Räume" an. Sein Konzept des sozialen Raumes ist ein Zusammendenken von objektiven Strukturen und subjektiver Wahrnehmung sowie von Lebensführung (vgl. Manderscheid 2008, S. 156). Beide Raumbegriffe scheinen verkürzt, daher ist es sinnvoll, einen relationalen Raumbegriff aufzugreifen, der die Aspekte der beiden Raumbilder impliziert. Der relationalen Raumtheorie nach sind „Soziale Räume (…) keine fertig vorgegebenen ‚Container', sondern relationale Anordnungen von Lebewesen und sozialen Gütern und Strukturen an sozialen Orten, die dynamisch und interaktiv veränderbar sind" (Löw 2001, zit. in Spatscheck 2009, S. 34). Der Ort als solcher wird somit als ein sozialer Handlungskontext verstanden und nicht auf seine Materialität reduziert (vgl. Marquard 2009).

Der Begriff „Sozialraum", wurde maßgeblich von der Chicagoer Schule (Robert E. Park u. a.) geprägt. In den 1920er Jahren führte die Chicagoer Schule raumbezogene Analysen in den durch die Industrialisierung schnell wachsenden Städten durch. So entstand der Begriff der „Social Areas" der als Vorläufer des Begriffes „Sozialraum" gilt. Robert E. Park (1925), ein wesentlicher Vertreter der Chicagoer Schule, sprach metaphorisch von „Mosaik kleiner Welten". Somit kann die Stadt als ein Gebilde verstanden werden, welche in viele kleine und größere Gebietseinheiten beziehungsweise „Social-Areas", sprich Sozialräume, unterteilt wird und anhand dieser Unterteilung entsprechend betrachtet werden kann (vgl. Kessl/ Reutlinger 2010, S. 40). Ein Sozialraum umschließt somit den gesellschaftlichen Raum, den Lebensraum von Menschen, sowie die Stadt mit ihren einzelnen Stadtteilen. Soziale Räume werden als Lebensräume von Menschen mit differenten Strukturen und funktionalen Verflechtungen und nicht ausschließlich als administrative Einheiten begriffen (vgl. Riege/Schubert 2005, S. 7). Dies soll jedoch nicht zu der Annahme verleiten, dass städtische Sozialräume fest eingegrenzte Gebiete sind (vgl. Kessl/Reutlinger 2007, S. 40). Eine sozialräumliche Sichtweise bezieht außerdem auch die von Menschen geschaffenen Räume mit ein und stellt die zwischenmenschlichen Beziehungen, Interaktionen und sozialen Verhältnisse in den Fokus der Betrachtung.

Angeregt durch die Erweiterung des Blickwinkels und diese differenzierte Sichtweise auf den Sozialraum führten Kessl und Reutlinger (2007, S. 122) den Begriff der „Sozialraumarbeit" ein. Dieser Begriff verdeutlicht, „dass sich eine solche raumbezogene soziale Arbeit nicht nur als stadtteil- und quartiersbezogene, sondern immer als (sozial-)politische Aktivität versteht." Im Mittelpunkt der Sozialraumarbeit steht die Ausbildung der Fachkräfte im Sinne einer reflexiven räumlichen Haltung, um eine reflexive Professionalität hinsichtlich raumbezogener Vorgehensweisen anzuwenden. Des Weiteren muss eine solche Sozialraumarbeit durch Trägerorganisationen und politische Verantwortungsträger ermöglicht werden (vgl. Kessl/Reutlinger 2007, S. 122).

Hinweis: Sozialraum impliziert den gesellschaftlichen Raum, das bedeutet, den konkretisierten Ort in Form von Objekten, sowie darüber hinaus den menschlichen Handlungsraum, also den Raum, der von Menschen geschaffen wird. Jedes Mitglied der Gesellschaft trägt in unterschiedlicher Intensität zur Konstituierung von Räumen bei, wonach „Raum" immer als Ergebnis menschlichen Handelns zu verstehen ist.

3.1 Sozialraumorientierung von Kindertageseinrichtungen im Fachdiskurs

Lange fand keine Auseinandersetzung mit sozialräumlichen Aspekten in der Frühpädagogik statt. Vielmehr wurde die Bedeutung des Sozialraumes nur in Bezug auf die Jugendarbeit diskutiert, obwohl bereits im achten Jugendbericht (vgl. BMJFFG 1990, S. 102) erste Bezugspunkte von sozialräumlichen Gedankenansätzen für die institutionelle Kindertagesbetreuung zu finden sind. Kitas werden als Bestandteil der regionalen Infrastruktur wahrgenommen und es werden Aufgabenbereiche formuliert, die über den primären Aufgabenbereich von Kindertageseinrichtungen hinausgehen, wie u. a., dass

> „Kindergärten als Nachbarschaftszentren mit breit gestreuten Angeboten und Unterstützungsleistungen (...) (als) ein richtungsweisendes Konzept dafür, Verbindungen zwischen professionellen sozialen Dienstleistungen und nachbarschaftlichen anzubahnen (...)."

Im acht Jahre später folgenden zehnten Kinder- und Jugendbericht werden darüber hinaus konkrete Aufgaben formuliert, wie z. B. die individuelle Beratung und Unterstützung von Familien, die Vernetzung mit der sozialen Infrastruktur, die Mitwirkung an einer Verbesserung der Lebensbedingungen im Lebensumfeld sowie die Wahrnehmung politischer Anwaltsfunktionen (vgl. BMFSFJ 1998, S. 193).

Im frühpädagogischen Fachdiskurs wurde der Außenraum des „Kindergartens", bzw. das „Straßenleben" von der Pädagogin Elisabeth Blochmann (1892–1972), trotz des sozialen Aspektes als etwas Schlechtes angesehen, von dem die

Kinder ferngehalten werden sollten, weil es sich negativ auf die Kinder auswirken könnte (vgl. Blochmann 1968). Der Soziologe Jürgen Zinnecker (1941–2011) widerspricht dieser Gedankentradition und sah das „Straßenleben“ als einen besonderen gesellschaftlichen Handlungsraum für Kinder an, indem sie vielfältige Erfahrungen machen können (vgl. Zinnecker 1979). Die Bedeutung des städtischen Nahraumes für Kinder wurde auch in der Tübinger Erklärung (1995) „Kinder brauchen Stadt“ gestützt. Angeregt durch diese Debatte, setzten sich Renate und Hans Thiersch (2001, S. 151) als zwei der ersten mit der Sozialraumorientierung von Kindertageseinrichtungen auseinander. Als Sozialraum definierten sie den Raum, in dem Kinder ihren Alltag erleben und in dem sie einen Teil ihrer Erfahrungen machen. Die unterschiedlichen Räume mit ihren vielfältigen Strukturen eröffnen unterschiedliche Lebenserfahrungen. Kindertageseinrichtungen müssen, bezogen darauf, die Erfahrungen reflektieren und in die pädagogische Arbeit einbeziehen.

> „Sozialraumorientierung für Kindertageseinrichtungen (…) [kann] nur bedeuten, dass sie sich in ihren spezifischen Aufgaben den Aufgaben der Erziehung, Bildung und Betreuung von Kindern und der Zusammenarbeit mit Familien im Kontext des Sozialraumes verstehen und daß [sic] sie einen Beitrag leisten zu sozialen, gerechten, ‚gelingenderen‘ Lebensverhältnissen.“

Renate Thiersch (2002, S. 252–257) definiert vier Dimensionen von Sozialraumarbeit in Kindertageseinrichtungen:

- Sozialraumanalyse: Die unterschiedlichen Erfahrungen der individuellen Personengruppen im Nahraum sollen berücksichtigt und in die pädagogische Arbeit der Einrichtung mit eingebunden werden. Der Sozialraum soll durch Gespräche mit den Beteiligten und durch Stadtteilbegehungen (mit und ohne Kinder) analysiert und erschlossen werden. Daneben soll eine Auseinandersetzung mit den sozialstatistischen Daten der Sozial- und Jugendhilfeplanung und den räumlichen Bedingungen sowie der sozialen Infrastruktur stattfinden.
- Sozialraumpädagogik: Einerseits werden hier organisatorische Rahmenbedingungen, wie zum Beispiel bedarfsorientierte Öffnungszeiten berücksichtigt, andererseits geht es um die Gestaltung von Lernarrangements, die abgestimmt sind auf die sozialräumlichen Bedingungen, wie z. B. Angebote der Bewegungsförderung in innerstädtischen Quartieren, die Kinder sonst eher wenig Anregung zur Bewegung bieten. Im Sinne einer sozialräumlichen Pädagogik geht es darum, die sozialräumlichen Aspekte in das Bildungskonzept zu integrieren. Die Kinder werden in der Erkundung ihres Lebensraumes begleitet und hier in ihrer Aneignung unterstützt.

- Zusammenarbeit mit den Eltern als Serviceleistungen: Hier wird die Einbeziehung der Eltern in den Erziehungsprozess berücksichtigt. Eltern sollen mit ihren Kompetenzen und sozialräumlichen Erfahrungen als wertvolle Mitgestalter in der Erziehung verstanden werden. Darüber hinaus sollen bei einem nachweisbaren Bedarf den Eltern weitere ergänzende Angebote gemacht werden, die über die pädagogische Arbeit am Kind hinausgehen.
- Sozialraumpolitik: Hier wird Bezug genommen auf die politischen Aufgaben von Kindertageseinrichtungen im Sozialraum. Die Institution soll mitwirken und partizipieren an der sozialen und pädagogischen Infrastruktur im Stadtteil, um sich für eine Verbesserung der Lebensqualität von Familien im Nahraum einzusetzen. Es sollen Kooperationen von für Familien relevanten Akteuren gefördert und indiziert werden.

Neben R. Thiersch (2002) beschäftigen sich auch Deinet (2011) sowie Blankenburg und Rätz-Heinisch (2009) mit der Thematik von Sozialraum und Kindertageseinrichtung. Deinet (2011, S. 309) fokussiert auf die sozialräumliche Entwicklung von Kindern und thematisiert die Bedeutung des Nahraumes für das Aufwachsen und die Aneignung von Kindern. Blankenburg und Rätz-Heinisch (2009, S. 168) entwickelten drei verschiedene Dimensionen sozialräumlichen Handels, um sich das komplexe Feld des sozialen Raumes von Kindertageseinrichtungen zu erschließen:

- Die sozialstrukturelle Analyse des sozialen Raums unter der Perspektive sozialer Ungleichheit,
- Aneignung von Räumen als ein subjektorientierter Zugang,
- bürgerschaftliches Engagement zur wechselseitigen Erschließung des Potenzials sowie der Ressourcen der Stadtteilbewohner:innen und der Einrichtung zur Gestaltung des sozialen Raumes sowie der Organisation sozialer Unterstützung.

Diese Dimensionen decken sich teilweise mit den Aspekten von R. Thiersch (2002). Blankenburg und Rätz-Heinisch (2009, S. 168) verweisen jedoch noch auf die sozialen Dienstleistungsangebote von Kindertageseinrichtungen und die Vernetzungsstrukturen.

Hier wird deutlich, dass sich in Ansätzen bereits Autor:innen theoretisch mit der Sozialraumarbeit in Kindertageseinrichtungen auseinandergesetzt haben. In Kapitel fünf werden Handlungsstrategien von frühpädagogischen Fachkräften vorgestellt, die sich im Rahmen einer qualitativen Studie, ausgehend von einer Befragung von Leitungskräften ergeben haben. Die Erkenntnisse wurden somit nicht aus der Theorie, sondern aus der Praxis generiert (vgl. Jares 2016).

3.2 Sozialraumorientierung in der Kinder- und Jugendhilfe

Die Diskussionen in Bezug auf soziale Stadterneuerung, Kinder- und Jugendhilfeplanung und der Neuausrichtung von sozialen Dienstleistungen am sozialen Raum gewinnen seit den 1990er Jahren an Beachtung. Im Kinder- und Jugendhilfegesetz werden Aufträge an Leistungsangebote hinsichtlich einer sozialräumlich ausgerichteten Analyse, Planung sowie Organisation gestellt (vgl. Riege/Schubert 2005, S. 7). Die Kinder- und Jugendhilfe ist im SGB VIII, dem Kinder- und Jugendhilfegesetz, rechtlich verankert (vgl. Bock 2002, zit. in Schöning 2008, S. 173). Im Rahmen dieser Gesetzgebung werden die Hilfen zur Erziehung, die Betreuung von Kindern sowie die offene Arbeit mit Kindern und Jugendlichen als verpflichtende oder freiwillige Leistungen der Kommunen festgelegt (vgl. Schöning 2008, S. 173). Sozialraumorientierung in der Kinder- und Jugendhilfe hat ihre rechtliche Grundlage im § 1 Abs. 3, Satz 1 SGB VIII, worin es heißt:

> „(...) junge Menschen in ihrer individuellen und sozialen Entwicklung fördern und dazu beitragen, Benachteiligungen zu vermeiden und abzubauen“ sowie in Satz 4 „dazu beitragen, positive Lebensbedingungen für junge Menschen und ihre Familien sowie eine kinder- und familienfreundliche Umwelt zu erhalten oder zu schaffen.“

In der Expertise zum achten Kinder- und Jugendbericht des Landes Nordrhein-Westfalen wurden bereits im Jahr 2004 unter dem Titel „Bildungsprozesse im sozialen Kontext unter dem Aspekt der Bedeutung des Sozialraums für das Aufwachsen von Kindern und Jugendlichen“ die Aufgaben von einer „sozialraumsensiblen Bildungsinstanz“ für die Kinder- und Jugendhilfe formuliert. Die Teilhabemöglichkeiten von Kindern und Jugendlichen werden in einem starken Maße von ihrer sozialen Herkunft und ihrer sozialräumlichen Lebenswelt bestimmt. Diese Faktoren führen bei einem Großteil der Kinder und Jugendlichen zu sozialer Ausgrenzung. Daher hat die Sozialraumorientierung in die Kinder- und Jugendarbeit, insbesondere im Zuge von Präventionsangeboten Einzug erhalten. Präventionsprojekte sind aufgrund von Problematiken im öffentlichen Raum entstanden. Dem geht häufig ein defizitäres Verständnis vom öffentlichen Raum somit auch von Sozialraum voraus. Sozialraumorientierung wird so in der Kinder- und Jugendhilfe häufig verkürzt in ein sozialgeografisches Muster von Wohngebiet, eingegrenztem Sozialraum, Planungsraum etc., gepresst. Hier fehlt die subjektorientierte, sozialräumliche Sichtweise auf den Sozialraum als Aneignungs- und Bildungsraum. Diese Sichtweise auf den Sozialraum muss noch stärker in die aktuelle Debatte um Sozialraumorientierung in der Kinder- und Jugendarbeit Einfluss erhalten (vgl. Deinet 2007, S. 46ff.).

In der Kinder- und Jugendhilfe führt die Debatte einer sozialräumlich orientierten Arbeit dennoch zu einem Paradigmenwechsel vom „Fall zum Feld“ (vgl.

Hinte 2002, S. 95), somit zu einer Abwendung von einem ausschließlich auf den Einzelfall bezogenen Blickwinkel. Aufgrund des sich in den letzten Jahren vollziehenden Paradigmenwechsels und der Erkenntnis, „dass ein Großteil sich individuell abbildender Probleme durch die jeweiligen Bedingungen im gesellschaftlichen und sozialen Umfeld verursacht werden" rückt in der Kinder- und Jugendhilfe immer stärker die Sozialraumorientierung in den Vordergrund.

Hinweis: Der Sozialraum ist eine Ressource, welche sich die Kinder- und Jugendhilfe und somit die Kindertageseinrichtung zunutze machen kann.

3.3 Räumliche Aneignung von Kindern

Ausgehend von der Prämisse, dass der Sozialraum bedeutsam für die Kindertageseinrichtung ist, sollte er von der Kita als gestaltbar verstanden und Kinder und Familien als handelnde Subjekte ihrer Lebenswelt betrachtet werden. Der Sozialraum an sich stellt immer nur eine Momentaufnahme dar (vgl. Schneider 2015, S. 82). Im Mittelpunkt einer sozialräumlichen Orientierung sollten die Deutungen, Interpretationen, Handlungen und Tätigkeiten von Kindern im Prozess ihrer Aneignung von Räumen stehen (vgl. Deinet 2011, S. 293f.). Bei der Aneignung von Räumen geht es nicht nur um strukturelle Gegebenheiten, sondern wesentlich ist die Qualität von Räumen, denn Räume werden erst durch die eigenen Möglichkeiten zu sozialen Räumen (vgl. Deinet 2007, S. 48).

In der Auseinandersetzung mit der Umwelt durchlaufen Kinder wichtige Entwicklungs- und Erkenntnisprozesse. Ausschlaggebend für diese Prozesse sind die Aneignungs- und Entfaltungsoptionen, die ihnen die sozialräumliche Umwelt bietet (vgl. Blankenburg/Rätz-Heinisch 2009, S. 166).

> „Durch die Erweiterung ihres Handlungsraumes erschließen sie sich Räume und deren Bedeutung und erweitern damit ihren Horizont; durch den tätigen Umgang mit Gegenständen, Material und Werkzeug, durch Einüben und Wiederholen erweitern sie ihre motorischen Fähigkeiten; durch die Veränderung von Situationen entwickeln sie eine spezifische Form von Eigentätigkeit." (Deinet 1999, S. 28)

Auf die wesentlichen Aspekte reduziert, meint Aneignung zusammenfassend die eigene Auseinandersetzung mit der Umwelt, die Verortung im öffentlichen Raum, die Erweiterung des Handlungsraumes, die Veränderung von bestehenden Situationen, sowie die Erweiterung motorischer, gegenständlicher, kreativer und medialer Kompetenzen (vgl. Braun 1994, zit. in Deinet 2007, S. 60). Sich seine Lebenswelt anzueignen, bedeutet somit, sich nicht ausschließlich die gegebenen Räume anzueignen, sondern sich auch Räume zu schaffen – durch Spacing und Syntheseleistung. Spacing legt den Fokus auf das „Errichten, Bauen oder Positionieren" in Bezug auf andere Positionierungen. Syntheseleistung meint, dass für die Konstituierung von Raum über „Wahrnehmungs-, Vorstellungs- oder Erinnerungsprozesse" Individuen und Objekte zusammengefasst werden (vgl. Deinet 2010, S. 38).

Insbesondere der öffentliche Raum bietet umfassende Aneignungsmöglichkeiten auch außerhalb der Kita. Diese informellen Bildungsorte können die Bildungsprozesse von Kindern in einem entscheidenden Maße mitprägen (vgl. Deinet 2010, S. 38). Bei Aneignungsprozessen von Kindern ist die Herausarbeitung der individuellen Perspektive wesentlich. Aneignungsräume sind nach Deinet (2007, S. 51) nur in Teilen „mit dem jeweiligen Sozialraum als Verwaltungsbezirk deckungsgleich".

Um die Bedeutung von Kindertageseinrichtungen als ein Bestandteil der Lebenswelt von Kindern nachvollziehen zu können, bieten sich die sozialökologischen Ansätze u.a. von Zeiher (1983) und Baacke (1984) an, da sie „den Zusammenhang zwischen Räumen, in denen Kinder leben, und deren Entwicklung und Aneignungsprozesse thematisieren" (Deinet 2011, S. 292). Dem Inselmodell von Zeiher (1983) liegt die Theorie zugrunde, dass der/die Heranwachsende einen unzusammenhängenden Lebensraum, der sich in viele kleine Segmente unterteilt, erlebt. Das Zonenmodell von Baacke (1984), in Anlehnung an Bronfenbrenner (1981), geht davon aus, dass sich der Handlungsraum von Kindern kontinuierlich erweitert.

Das *Zonenmodell* von Baacke (1984) in Anlehnung an Bronfenbrenner (1981), beschreibt vier ökologische Zonen, die der/die Heranwachsende nacheinander betritt und geht davon aus, dass sich der Handlungsraum von Kindern im Laufe der Entwicklung qualitativ und quantitativ vergrößert. Bei den vier ökologischen Zonen (von innen nach außen betrachtet), steht zunächst das Zentrum im Mittelpunkt, das impliziert die Familie, das Zuhause des Kindes. Daran schließt sich der Kreis des ökologischen Nahraumes (Nachbarschaft, der Stadtteil etc.) an. In einem weiteren Kreis befinden sich die ökologischen Ausschnitte, dies sind Orte, an denen ein funktionsspezifischer Umgang gelehrt wird (z. B. Schule). Der äußerste Kreis ist die ökologische Peripherie. Dieser Kreis umschließt gelegentliche Kontakte, oder das Bewegen in unbekannten Räumlichkeiten. Das Zonenmodell ist dynamisch, die einzelnen Zonen bieten dem Kind verschiedene Erfahrungs- und Erlebnismöglichkeiten und bringen unterschiedliche Anforderungen mit sich. Es gibt kein striktes Altersmuster, wonach die jeweiligen Zonen, die verschiedene Erfahrungs- und Aneignungsmöglichkeiten für Kinder bieten, erschlossen werden. Kitas befinden sich häufig im unmittelbaren Lebensumfeld und sind somit ein relevanter Bereich des ökologischen Nahraumes. Liegt die Kita nicht im unmittelbaren Umfeld der Kinder, gehört sie zu den ökologischen Ausschnitten. Durch den

Besuch verlassen die Kinder ihren Nahraum und erobern neue Räume und eignen sich diese an (vgl. Deinet 2011, S. 293f., zit. in Jares 2016, S. 109ff.).

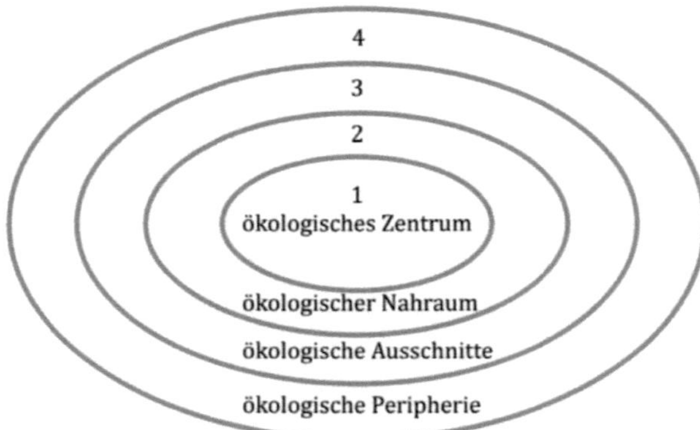

Abbildung 3 Das Zonenmodell von Dieter Baacke (1984, zit. in Deinet 2009)

Entgegen der Vorstellung, dass sich ein Kind mit steigendem Alter die Umwelt mehr und mehr erschließt, liegt dem *Inselmodell* von Zeiher (1983) die Annahme zugrunde, dass unterschiedliche Räume für verschiedene Altersklassen spezialisiert sind. Die einzelnen Segmente sind wie kleine Inseln zu verstehen, die das Kind sich, ausgehend von seinem ökologischen Zentrum, seiner Wohninsel, erschließt. Jede dieser Inseln, wie zum Beispiel das Zuhause, die Wohnungen von Verwandten und Freunden, die Kita etc., hat eine feststehende Begrenzung. Kinder werden in diese verinselte Lebenswelt hineingeboren. Es werden somit nur Teilräume erlebt, die lediglich durch den Tagesablauf der Person oder durch Kommunikationsstränge miteinander verbunden sind. Aus ökonomisch bedingten Zeitgründen werden die Zwischenräume, wie z. B. der Weg zur Kita, hier nicht mehr wahrgenommen. Zudem erfolgt durch Medien wie Fernsehen oder Telefon eine Verbindung von Räumlichkeiten (vgl. Zeiher 1983, S. 188).

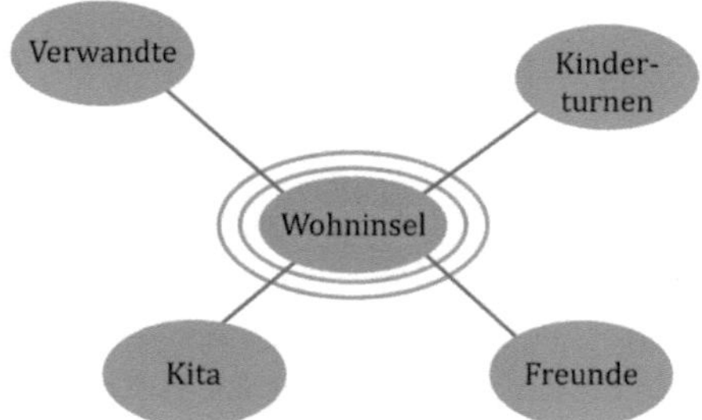

Abbildung 4 Das Inselmodell in Anlehnung an Helga Zeiher (1983)

Die dargestellten Modelle von Baacke (1984) und Zeiher (1983) beschreiben die sozialräumliche Entwicklung von Kindern und Jugendlichen. Auch wenn den beiden Modellen unterschiedliche Theorien zugrunde liegen, zeigen beide auf die Vergrößerung des Handlungsraumes im Laufe der Entwicklung hin und messen dem Nahraum eine besondere Bedeutung bei.

Hinweis: Kindertageseinrichtungen sollten mit Blick auf das Konzept der Aneignung, einerseits Kenntnisse über den Sozialraum der Einrichtung und dessen Aneignungsmöglichkeiten haben, sowie andererseits über Wissen in Bezug auf die kindlichen Formen der Aneignung verfügen (vgl. Deinet 2011, S. 299).

Der Prozess der Aneignung räumlicher Lebenswelten von Kindern verdeutlicht, dass hier kein verkürztes Verständnis von Sozialraum greifen kann. Kinder müssen durch ihre Aneignungsprozesse ihren individuellen Handlungs- und Erfahrungsraum erweitern und bewusst „Grenzen“ eines Sozialraumes überschreiten. Hierfür ist eine „sozialräumlich-, aneignungs- und bildungsorientierte“ Arbeit mit Kindern förderlich, welche sich einsetzt für eine „Revitalisierung öffentlicher Räume“. Die Übernahme einer solchen „Mandatsfunktion“ können Kindertageseinrichtungen nur mit einem erweiterten Blickwinkel auf den Sozialraum erfüllen (vgl. Deinet 2007, S. 61).

4 Sozialraumorientierung – ein neuer Ansatz für Kindertageseinrichtungen?

Die Begriffe „Sozialraum“ und „Sozialraumorientierung“ werden verstärkt erst seit der Entstehung von Kinder- und Familienzentren in der Frühpädagogik diskutiert. Dabei zeigt ein Blick in die Historie, dass es bereits sehr früh Ansätze einer sozialräumlichen Orientierung in der institutionellen Kleinkinderziehung gab.

Jean-Jacques Rousseau (1712–1778) der sich als Schriftsteller, Philosoph und Pädagoge einen Namen machte und die Französische Revolution mitprägte, hob in seinem pädagogischen Hauptwerk „Emilie“ aus dem Jahr 1762 bereits die Bedeutung einer gemeinschaftlichen Erziehung von Kindern hervor. Für Rousseau war das Ziel der Erziehung, den Menschen gesellschaftsfähig zu machen. In der Verantwortung sah er hier insbesondere den Staat (vgl. Aden-Grossmann 2002, S. 20). Um eine negative Prägung des Kindes zu vermeiden, sollte die Erziehung allerdings gleichzeitig unabhängig der Gesellschaft erfolgen. Die Stadt hatte hier für Rousseau einen negativen Einfluss auf die Entwicklung des Kindes und das Land einen positiven Einfluss (vgl. von der Burg/Hülshoff 1979, S. 16).

Der bekannte Pädagoge **Johann Heinrich Pestalozzi** (1746–1827) teilte bezüglich des Stadt-Land-Einflusses die Meinung von Rousseau. Außerdem waren für beide Pädagogen der soziale Stand sowie die soziale Ordnung innerhalb der Gesellschaft Dimensionen menschlichen Handelns (vgl. Kessl/Reutlinger 2010, S. 8). **Robert Owen** (1771–1858) sah die Kinderziehung in seiner „Infants School“ als gesellschaftliche Aufgabe an. Er sprach den Eltern eine unzureichende Erziehungskompetenz zu (vgl. Aden-Grossmann 2002, S. 23). **Julius Fölsing** (1818–1882), Gründer und Leiter von Kleinkindschulen, sah die Funktion seiner Einrichtung darin, einerseits Proletariatskinder vor der Verwahrlosung zu bewahren und pädagogisch zu fördern, sowie andererseits Kindern des Bürgertums als eine ergänzende pädagogische Einrichtung zu dienen (vgl. Aden-Grossmann 2002, S. 27). Als einer der bedeutendsten Pädagogen der institutionellen Kleinkindbetreuung gilt **Friedrich Fröbel** (1782–1852). Er gründete den ersten Kindergarten. Fröbel sah seine Einrichtung für Kinder als unterste Stufe und als Einstieg ins Bildungssystem an. Sein Ziel war es, die Kinder durch angemessene Beschäftigungen und durch eigens entwickelte Spielmethoden zu fördern, um sie somit auf die Schule und die weiteren Lebensstufen vorzubereiten (vgl. Aden-Grossmann 2002, S. 39). Im Gegensatz zu Fröbel, der nicht auf die Lebenssituationen der Kinder einging und dessen Einrichtung auch nur den Kindern wohlhabender Eltern zugänglich war, entwickelte seine Schülerin und Nichte **Bertha von Marenholtz-**

Bülow (1810–1893), die sich für die gemeinsame Erziehung aller Kinder einsetzte, das Konzept der Volkskindergärten. Die Volkskindergärten sollten ein gemeinsamer Ort der Erziehung sein. Dabei wurden die Erziehungsziele sowie die Erziehungsmethoden an den realen Lebenssituationen der Kinder ausgerichtet (vgl. Aden-Grossmann 2002, S. 48).

Henriette Schrader-Breymann (1827–1899), Pädagogin und Nichte von Friedrich Fröbel, entwickelte ausgehend von den wenig anregenden Wohn- und Lebensumständen der Kinder, die ihren Volkskindergarten besuchten, den „Monatsgegenstand". Schrader-Breymann wählte mit dem Monatsgegenstand gezielt Dinge aus dem Leben der Kinder aus, um diese zum Ausgangspunkt von Bildungs-, Lern- und Entwicklungsprozessen der Kinder zu machen (vgl. Berger 1999, S. 56). Auch heute findet sich dieses Konzept noch in der Frühpädagogik wieder. Insbesondere der aktuell immer noch vielfach praktizierte **Situationsansatz** (1970er Jahre) setzt hier an und stellt das Kind mit seinem Erleben und Verhalten in den Mittelpunkt der Pädagogik. Die Themen, die die Kinder mitbringen, sowie die Themen die sich im gemeinschaftlichen Miteinander ergeben, sollen im Situationsansatz wahr- und aufgenommen und zum Ausgangspunkt der pädagogischen Arbeit gemacht werden (vgl. Stoll 1995, S. 21). Soziales und sachbezogenes Lernen soll so stärker miteinander verbunden werden und eine Orientierung an den konkreten Lebenssituationen der Kinder stattfinden. Außerdem ist eine Einbindung der Gesellschaft in die pädagogische Arbeit das Ziel (vgl. Gerstacker/Zimmer 1978, S. 194). Der Situationsansatz ist kein theoriegeleitetes Konzept, sondern eine Ko-Konstruktion vieler beteiligter Konstrukteure. Er unterliegt gesellschaftlichen Veränderungsprozessen und aktualisiert sich stetig (vgl. Preissing 2003, S. 11).

Durch den Fall des Dritten Reiches und den differenten gesellschaftlichen Orientierungen der Besatzungsmächte entwickelte sich die institutionelle Kinderbetreuung in Ost- und Westdeutschland sehr unterschiedlich. In Westdeutschland blieb der Kindergarten Teil der Jugendhilfe, wohingegen er in Ostdeutschland in das Bildungssystem integriert wurde. Die frühkindliche institutionelle Erziehung und Betreuung von Kindern in der Deutschen Demokratischen Republik hatte einen starken gesellschaftlichen Auftrag. Bei der Auseinandersetzung mit der institutionellen Kinderbetreuung in der **Pädagogik der Deutschen Demokratischen Republik** zeigt sich, dass dem Nahraum in dieser pädagogischen Epoche eine starke Bedeutsamkeit beigemessen wurde. Die Kinder sollten ihren Nahraum kennenlernen und sich diesen aneignen. Dahinter verbarg sich die Absicht, die Kinder von Beginn an in das bestehende politische System hinein zu erziehen. Die Kinder sollten ihren Lebensraum kennen lernen und Heimatliebe zu ihrem sozialistischen Vaterland empfinden, dazu wurden kulturelle und staatliche Institutionen besucht. Begegnungen mit Arbeitern sollten die Wichtigkeit des Kollektivs vor Augen führen. Ebenso sollten durch diese Begegnungen Parallelen zu eigenen Tätigkeiten, die sie in der Kita erlernt hatten, vollzogen werden. Die Kinder sollten sprichwörtlich in die Gesellschaft eindringen (vgl. Ministerium für Volksbildung DDR 1976, S. 228–245).

Die **Reggio-Pädagogik** ist eine in der Stadt Reggio Emilia in Norditalien entwickelte Pädagogik (um 1963). Maßgeblich geprägt hat sie der Pädagoge Loris Malaguzzi (vgl. Krieg 2004, S. 6). Malaguzzi hat nach dem Zweiten Weltkrieg gemeinsam mit den dort wohnhaften Eltern in der zerstörten Stadt Reggio Emilia einen Kindergarten gegründet, auf den weitere folgten. Die Bewohner:innen von Reggio Emilia strebten eine Erziehung zu Humanität und Gewaltfreiheit an (vgl. Ullrich/Brockschnieder 2009, S. 11f.). Bei der Reggio-Pädagogik zeigt sich, dass das Kind im Fokus der Betrachtung steht. Erziehung wird hier aber nicht als Aufgabe einer frühpädagogischen Institution begriffen, sondern als etwas, in welches das Gemeinwesen aktiv mit eingebunden ist. Erziehung als eine gesellschaftliche Aufgabe lautet die Prämisse.

Bei der **Freinet-Pädagogik** zeigen sich Bezüge zu Raum und Räumlichkeit im Sinne dessen, dass der Lebensraum der Kinder zum Lernraum gemacht wird. Der Franzose Célestin Freinet (1896–1966) ist der Begründer der Freinet-Pädagogik. Seine Pädagogik bezog sich auf Kinder in der Schule. Nach seinem Tod wurde diese zunächst auf den Hort und anschließend auch auf die Kita übertragen. Freinet versuchte immer, das reale Leben der Kinder und das, was die Kinder bewegt, in den institutionellen Alltag zu holen. Hier sprach er auch von der „méthode naturelle“, also der natürlichen Methode. Für ihn lernt ein Mensch am besten an solchen Situationen. Lebensfernes Lernen ist für ihn sinnlos (vgl. Henneberg/Klein/ Vogt 2010, S. 153). Am anregungsreichsten war für ihn die natürliche Umgebung der Natur. Zu Beginn seiner Lehrtätigkeit führte Freinet die sogenannte „Spaziergangsklasse“ ein. Im Rahmen dieser verließ er mit den Kindern die Schule und suchte ohne konkretes Ziel und Plan den Nahraum Natur auf (vgl. Henneberg/ Klein/Vogt 2010, S. 157).

Bei diesem kurzen Abriss der Historie zeigt sich, dass bei verschiedenen Pädagog:innen in ihren unterschiedlichen Konzepten dem Einbezug des Sozialraumes in die pädagogische Arbeit bereits eine Bedeutung beigemessen wurde. Eine sozialräumliche Orientierung von Kindertageseinrichtungen etablierte sich dann im Zuge der Entstehung von Kinder- und Familienzentren. Der Entstehung der ersten *Kinder- und Familienzentren* in Deutschland ging die Initiierung der sogenannten „Early Excellence Centre“ in England voraus. Auf diese beiden Modellprojekte frühpädagogischer Sozialraumorientierung wird im Folgenden näher eingegangen.

4.1 Early Excellence Centre

Noch bevor in Deutschland die ersten Kinder- und Familienzentren entstanden sind, gab es in England in den 1980er Jahren bereits die erste Weiterentwicklung von Kindertageseinrichtungen zu multifunktionalen Kindertageseinrichtungen. Margy Whalley, die als Begründerin des Early Excellence-Ansatzes gilt, bündelte Angebote für Eltern und Kinder in einer pädagogischen Einrichtung (vgl. Hebenstreit-Müller/Lepenies 2007, S. 7). Whalley hat den Early Excellence-Ansatz aufbauend auf ihren Erfahrungen in den brasilianischen Favelas und ihren Erlebnissen in Neu-Guinea entwickelt. Sie gründet eine Einrichtung mit dem Namen „Pen Green“ in Corby, einer Stadt in England, wo aufgrund der Schließung von Stahlwerken, die als Hauptarbeitgeber dienten, eine starke Arbeitslosigkeit vorherrschte. Für Familien gab es hier nur wenig Angebote im Bereich der Bildung, Unterstützung, Förderung und Betreuung. Die Lebensumstände der Menschen in Corby waren vielmehr geprägt durch beengte Wohnverhältnisse, schlechten Gesundheitszustand und einer hohen Kindersterblichkeit (vgl. Lepenies 2008, S. 9). Die Einrichtung „Pen Green“ ist offen für Kinder ab zwei Jahren bis zum Schulbeginn. Insgesamt werden ca. 35 bis 40 Kinder und ihre Familien betreut (vgl. Burdorf-Schulz/Müller 2004, S. 17). Die englische Regierung erkannte „Pen Green“ als erstes „Centre of Excellence“ an (vgl. Whalley 2008, S. 27) und band es in die Aktionsprogramme zum Ausbau der frühkindlichen Bildung ein. Der Name soll den Anspruch auf eine hohe qualitative Förderung von Kindern hervorheben (vgl. Hebenstreit-Müller 2008, S. 239).

Leitgedanke des britischen Early Excellence-Programms war nach Hebenstreit-Müller (2008) die Integration ganz unterschiedlicher Angebote für Kinder und ihre Familien:

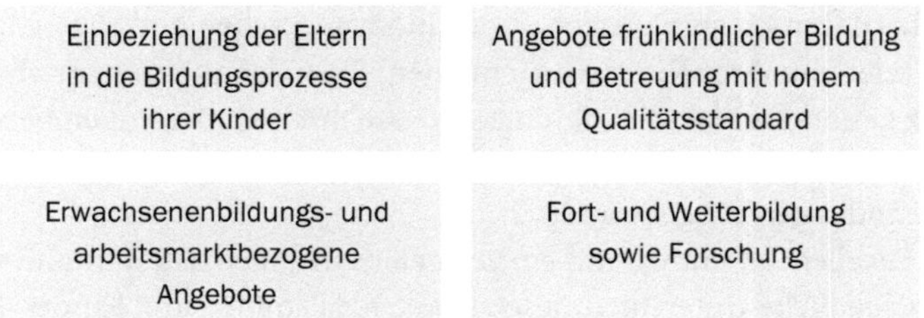

Abbildung 5 Angebote von Early Excellence Centre

Neue Formen der Zusammenarbeit mit den Eltern zeichnen den Early Excellence-Ansatz aus. Eltern werden aktiv in den Alltag der Kindertageseinrichtung mit eingebunden und als Partner verstanden. Das Fachpersonal muss mit Eltern in unterschiedlichsten Lebenslagen kooperieren, sowie partizipieren, um einen wirksamen Dialog herzustellen. Ebenso müssen sich die Fachkräfte an der Qualitätsentwicklung der Einrichtung und dem Stadtteil beteiligen. Sie müssen sich mit den verschiedenen Ansätzen der Qualitätsentwicklung und Evaluation auseinandersetzen, d. h., mitwirken in regionalen Planungsprozessen, aufgabenbezogene Kooperation mit anderen Trägern, Reflexion und Weiterentwicklung der Angebote und deren Qualität, Ressourcenverwaltung sowie Entwicklung einer einrichtungsspezifischen Konzeption. Da die Einrichtung als Innovationszentrum verstanden wird, fordern Fachkräfte zusätzlich, ihre Einrichtung als Qualifizierungsort zu verstehen. Dazu zählen die Entwicklung eines einrichtungsspezifischen Profils, Öffentlichkeitsarbeit, Planung, Dokumentation sowie Evaluation von Ansätzen, die Entwicklung kollegialer Einzel- und Teamberatung sowie die Verbreitung von „guter Praxis", zum Beispiel durch Mitwirkung bei Fortbildungen. Bei der Darlegung des Aufgabenbereiches wird deutlich, dass das Kompetenzprofil der neuen Erzieher:innen weit über den Gruppenalltag mit den Kindern hinausgeht und sie sich zunehmend als Expert:innen für die Lebenslagen von Kindern und Familien im Stadtteil verstehen (vgl. Colberg-Schrader/Oberhuemer 2000, S. 91f.). Damit die pädagogischen Fachkräfte diesen neuen Anforderungen gewachsen sind, bilden sie sich einmal fachlich weiter und haben zudem regelmäßige Supervisionssitzungen, um ihr Verhalten im Umgang mit den Kindern zu reflektieren und um sich mit anderen Teammitgliedern zu besprechen. Early Excellence Centres verstehen sich als „offene Institution", in der Fachkräfte aus verschiedenen Berufsfeldern und Disziplinen zusammenarbeiten (vgl. Lepenies 2008, S. 15).

Drei zentrale Grundannahmen zeichnen den Early Excellence-Ansatz aus:

- Es gilt zunächst die Exzellenz-Vermutung, also die Annahme, dass jedes Kind ein exzellentes Potenzial besitzt und somit mit seinen Stärken und Kompetenzen im Mittelpunkt der pädagogischen Arbeit steht.
- Die Eltern werden als Experten ihres Kindes angesehen und eng in die Bildung und Erziehung ihres Kindes eingebunden. Sie sollen in ihrer Erziehungskompetenz gestärkt und in die Bildungsprozesse ihrer Kinder mit einbezogen werden, sowie selber Unterstützung erhalten, um der Erziehung und Förderung ihres Kindes gerecht zu werden.
- Early Excellence Centres sind ein zentraler Ort im Sozialraum und verbinden unterschiedliche Unterstützungsangebote für Familien und Kinder. Es werden Kooperationen mit den jeweiligen Trägern geschlossen, sodass ein breites vernetztes Angebot und somit eine familienfreundliche Infrastruktur entsteht (vgl. Hebenstreit-Müller 2008, S. 239f.).

Zwei wesentliche Leitsätze des Ansatzes sind: *„Eltern sind die Experten ihrer Kinder"* und *„starke Kinder brauchen starke Eltern"* (vgl. Burdorf-Schulz/Müller 2004, S. 20). Zwischen Fachkräften und Eltern besteht eine Erziehungspartnerschaft.

Auf der einen Seite stehen die Eltern mit ihrem Wissen über ihr Kind und auf der anderen Seite die Fachkräfte mit dem fachlichen Know-how über kindliche Entwicklungsprozesse, welches ihnen ermöglicht, den Eltern Unterstützung und Anregungen im Umgang mit ihrem Kind zu geben. Durch die Anerkennung und den Nutzen, die sich durch die gegenseitigen Stärken und Kompetenzen der Erziehungspartnerschaft erzielen lassen, kann eine individuelle und intensive Förderung für das Kind erfolgen. Der Austausch zwischen Fachkräften und Eltern orientiert sich an dem *„Pen Green Loop"*. Dies ist ein Kommunikationsmodell zwischen Fachkräften und Eltern, welches absichern soll, dass ein kontinuierlicher Austausch über das Kind stattfindet und die Kompetenzen der jeweiligen Parteien eingebunden werden (vgl. Hebenstreit-Müller 2008, S. 246f.). Der Pen Green Loop beinhaltet ein weiteres zentrales Merkmal des Early Excellence-Ansatzes, das „Beobachten und Dokumentieren". Sinn und Zweck hierbei ist es, dass sowohl die Eltern im häuslichen Alltag, als auch die pädagogischen Fachkräfte im Alltag der Kindertageseinrichtung das Kind beobachten und mittels Fotoapparates, Videokamera und Tagebuchaufzeichnungen ihre Erfahrungen dokumentieren. Die Ergebnisse dieser Dokumentationen dienen als Basis für den Informationsaustausch zwischen Fachkräften und Eltern, um so eine individuelle Förderung des Kindes zu gewährleisten (vgl. Burdorf-Schulz/Müller 2004, S. 18f.).

Mittlerweile gibt es deutschlandweit Early Excellence Einrichtungen. Die erste war das Pestalozzi-Fröbel-Haus in Berlin. Aktiv unterstützt werden die Einrichtungen durch die Heinz und Heide Dürr Stiftung, die das Konzept finanziell fördert.

4.2 Familienzentren NRW

Ausgehend vom gesellschaftlichen Wandel und dem damit verbundenen Wandel von Kindheit und Familie haben sich auch die Ansprüche an institutionelle Erziehung und Kindertageseinrichtungen verändert. Verschiedene Bundesländer haben im Zuge dessen die Weiterentwicklung von Kindertageseinrichtungen zu Einrichtungen für die Familie als Ganzes, so unter verschiedenen Betitelungen wie „Eltern-Kind-Zentren", „Kinder- und Familienzentren" oder in Nordrhein-Westfalen die „Familienzentren NRW" initiiert. Diese Institutionen stellen neben der Bildung, Betreuung und Erziehung von Kindern eine familienunterstützende Institution dar. Unabhängig der verschiedenen Schwerpunkte, und der unterschiedlichen Einrichtungskonzepte aus den verschiedenen Bundesländern, von Trägern oder Kommunen ist ihnen familienpolitisch gemeinsam, dass sie familiäre Unterstützungsangebote mittels sozialräumlich ausgerichteter Kooperations- und Vernetzungsstrukturen, insbesondere zwischen Kindertageseinrichtung, Familienbildung und Familienhilfe, vorhalten (vgl. Diller/Schelle 2009, S. 8/13/16). Sie ersetzen somit in gewisser Weise das „verloren gegangene Dorf" und sind „so etwas wie ein angemessener ‚gesellschaftlicher Reflex', der die familienbezogene Infrastruktur im Sinne einer Bündelung, Vernetzung und Zusammenführung reorganisiert" (Heitkötter et al. 2008, S. 10). Die Differenz von Familienzentren und klassischen Kindertageseinrichtungen besteht in der erweiterten konzeptionellen Sichtweise auf „Kind – Eltern – Institution". Die differenten Trägerstrukturen und vielfältigen Einrichtungsprofile bedingen jedoch, dass auch klassische Kindertageseinrichtungen dem Angebotsprofil von Familienzentren entsprechen können bzw. sich andererseits auch sehr stark davon unterscheiden (vgl. Diller/Schelle 2009, S. 8/13/16).

Im Jahr 2007 entstand in Nordrhein-Westfalen der Gedanke, dass das Bundesland zum kinder- und familienfreundlichsten Land in Deutschland werden wollte. Daraus ist das Landesprojekt „Familienzentrum NRW" entstanden. Die Pilotphase des Projektes lief von 2006 bis 2007, in dieser Zeit entwickelten sich 257 Kindertageseinrichtungen zur Familienzentren weiter. Das Projekt Familienzentrum NRW hat zum Ziel, dass die Kindertageseinrichtungen neben ihren Aufgaben der Bildung, Betreuung und Erziehung von Kindern, den Familien umfassende Unterstützungsmöglichkeiten anbieten. Sie sollen Familien die Möglichkeit der Beratung, Bildung, Information, Hilfe und des Austausches bieten. Die Förderung und Unterstützung von Familien und Kindern soll somit zusammen gestaltet werden (vgl. Syassen 2009, S. 32). Kindertageseinrichtungen sollen zum Knotenpunkt eines familienunterstützenden Netzwerkes in den Kommunen werden. Kindertageseinrichtungen sind dazu in besonderer Weise geeignet, da sie die erste Bildungsinstanz sind mit dem Kind und Familie in Berührung kommen. Damit sind sie in der Lage einen möglichen Unterstützungs- und Förderbedarf frühzeitig zu erkennen. Die Angebote des Familienzentrums sind wohnortnah und niederschwellig angelegt, orientieren sich an den Lebenslagen und dem Sozialraum der Familien und bieten „Unterstützung aus einer Hand" (vgl. Lindner/Sprenger/Rietmann 2008, S. 279). Durch diese strukturelle Verbindung sollen z. B. Sprachdefizite bei Kindern früher erkannt und durch eine passgenaue Förderung abgebaut werden, Eltern sollen frühzeitig Beratungsangebote gemacht werden, sie sollen zudem in ihrer Erziehungskompetenz gestärkt werden und bei Alltagskonflikten niederschwellig Hilfe und Unterstützung erhalten, Familien mit Migrationshintergrund und Familien aus bildungsfernen Schichten sollen erreicht werden, die Vereinbarkeit von Familie und Beruf wird gefördert und eine Variabilität in den Öffnungszeiten soll geschaffen, sowie Unterstützung bei der Vermittlung von Tagesmüttern und -vätern angeboten werden (vgl. MGFFI 2013, S. 7). Unter Berücksichtigung all dieser Aspekte wandeln sich Kindertageseinrichtungen zu multifunktionalen Institutionen. „Synergieeffekte sollen durch die Zusammenführung familienorientierter Angebote im Stadtteil erzielt werden" (Kasüschke/ Fröhlich-Gildhoff 2008, S. 161).

Zum Kindergartenjahr 2017/2018 waren insgesamt ca. 2.500 Familienzentren mit rund 3.500 Kindertageseinrichtungen entstanden (vgl. MFKJKS-NRW 2020).

Unter Berücksichtigung der Vernetzungs- und Kooperationsstrukturen mit anderen Institutionen arbeiten Familienzentren im Rahmen unterschiedlicher Organisationsmodelle. Diese Modelle nennen sich „Unter einem Dach“, „Lotse“ und „Galerie“ (vgl. MGFFI 2013, S. 10–15).

Familienzentren die als *Modell „Unter einem Dach“* agieren, bieten alle Hilfs- und Beratungsleistungen, wie zum Beispiel Familienberatung, Familienbildung, Erziehungsberatung etc., von einem Träger unter einem Dach in einer Einrichtung an. Das bedeutet, dass sich alle Angebote in der Kindertageseinrichtung befinden und von der Leitungskraft organisiert werden.

Bei dem *Modell „Lotse“* werden die Angebote im Rahmen eines Kooperationsverbundes von unterschiedlichen Institutionen meistens in den Räumen der Kindertageseinrichtung erbracht. Die Verantwortung für die einzelnen Angebote obliegt dem jeweiligen Fachpersonal, d. h., die Dienste sind im Verbund miteinander organisiert und arbeiten jeweils eigenständig.

Das *Galeriemodell* stellt eine Mischform der anderen beiden Modelle dar. Hier werden die Angebote zwar in den Räumlichkeiten der Kindertageseinrichtung, jedoch von unterschiedlichen Trägern, denen die Verantwortung und Zuständigkeit für ihre Angebote obliegt, angeboten.

Das Modell „Lotse“, bei welchem die Angebote in Kooperation erbracht werden, ist das in der Praxis am häufigsten praktizierteste Modell. Das Familienzentrum ist hier Anlaufstelle und vermittelt und begleitet Familien zu den entsprechenden Angeboten und Leistungen.

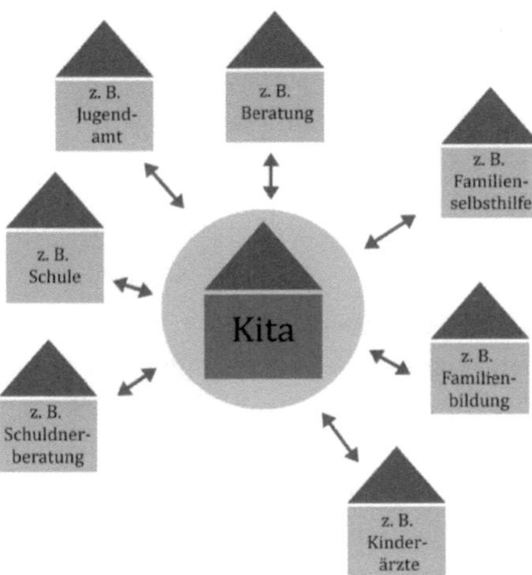

Abbildung 6 Modell Lotse

Ebenfalls zeigte sich, dass es sinnvoll ist, wenn sich bis zu fünf Kindertageseinrichtungen zu einem sogenannten „Verbundfamilienzentrum“ zusammenschließen und mit weiteren Partnern, wie u. a. der Familienbildung für die Leistungserbringung kooperieren (vgl. MFKJKS-NRW 2016, S. 16). Ein Verbund ist ein Zusammenschluss von maximal fünf Kindertageseinrichtungen, die maximal drei Kilometer auseinanderliegen. Die Verbundfamilienzentren kooperieren mit weiteren Trägern. Die Angebote von Kooperationspartnern müssen innerhalb von 1,5 Kilometern erreicht werden können. Ausnahmen werden hier in ländlichen Regionen gemacht. Diese Regelungen wurden getroffen damit noch ein sozialräumlicher Bezug bei den Einrichtungen gegeben ist und Familien die Wege zwischen den Angebotsträgern überwinden können. Die Verbundeinrichtungen müssen gewisse Grundleistungen erfüllen damit die Kernfunktionen eines Familienzentrums verfügbar sind, darüber hinaus werden weitere Angebote über verschiedene Träger angeboten. Es wird verbindlich schriftlich festgehalten, wer welche Leistungen im Verbund erbringt (vgl. MGFFI 2013, S. 10–11).

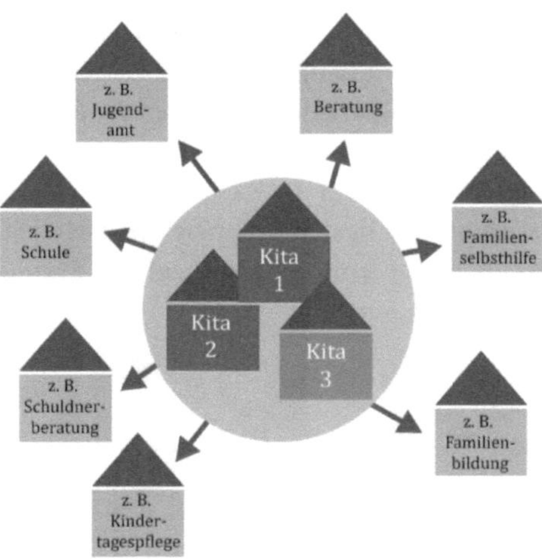

Abbildung 7 Modell Verbundfamilienzentrum (vgl. MGFFI 2013)

Durch die zusätzlichen Aufgabenbereiche die ein Familienzentrum übernehmen soll, erweitert sich insbesondere das Handlungsfeld der Leitungskraft. Die Leitungskraft muss das Konzept und das Profil der Einrichtung in enger Absprache mit dem Träger, dem Team, den Eltern, sowie auch den weiteren Kooperationspartnern abstimmen. Hier eignet sich die Initiierung einer Steuerungsgruppe. Daneben müssen bisherige Abläufe und methodische Ansätze der Personalführung überprüft werden. Die Leitung trägt die Verantwortung für die Planung und Durchführung neuer Angebote. Hier muss auch die organisatorische Planung und Abstimmung mit den Kooperationspartnern u. a. auch bezüglich der Räume bedacht werden. Zentrales Element der Familienzentren ist die Öffnung zum Sozialraum, auch hierfür ist die Leitungskraft verantwortlich. Insbesondere der Öffentlichkeitsarbeit wird hier ein hoher Stellenwert beigemessen, damit auch Familien die keine Kinder in der Einrichtung haben, Angebote des Familienzentrums in Anspruch nehmen können. Familienzentren verfolgen eine intensive Zusammenarbeit mit den Eltern im Sinne einer Erziehungspartnerschaft. Hierfür müssen entsprechend die Rahmenbedingungen geschaffen werden (vgl. MGFFI 2013, S. 30–33).

Kindertageseinrichtungen, die am Landesprojekt Familienzentrum NRW teilnehmen, müssen ihre Qualität im Rahmen eines differenzierten Zertifizierungsprozesses dokumentieren. Von dem unabhängigen Forschungs- und Entwicklungsinstitut PädQUIS wird das Gütesiegel „Familienzentrum NRW" verliehen. Das Gütesiegel ist ein konzeptgebundenes System, mit dem die Qualität der Einrichtungen geprüft (vgl. Stöbe-Blossey 2008, zit. in Tietze/Lee/Schreiber 2008, S. 3) und ein bestimmtes Qualitätsniveau bescheinigt wird. Hierbei ist zu berücksichtigen, dass das Gütesiegel sich ausschließlich auf konzeptionelle Aspekte fokussiert und keine Aussagen über die pädagogische Qualität der Einrichtung trifft (vgl. Tietze/Lee/Schreiber 2008, S. 3). Der Gütesiegelkriterienkatalog beinhaltet Leistungen und Strukturen, die für die Unterstützung und Förderung von Kindern und Familien wesentlich sind. Diese gehen über die zentralen Aufgaben der Bildung, Betreuung und Erziehung hinaus. Der Katalog umfasst Kriterien, die dokumentieren, dass es sich um ein niederschwelliges, leicht zugängliches Angebot zur Förderung und Unterstützung von Familien und Kindern handelt. Das Gütesiegel gliedert sich in vier Leistungs- und vier Strukturbereiche. Die Leistungsbereiche beziehen sich auf die Inhalte der Angebote des Familienzentrums. Die Strukturbereiche beziehen sich auf die Ausrichtung des Familienzentrums, d. h., wie die Einrichtung die Voraussetzungen für ein Angebot schafft, wie sie die Angebote im Kontext zu den örtlichen Verhältnissen gestaltet, wie sie die Angebote bekannt macht und wie die Angebote kontinuierlich weiterentwickelt werden. Diese Leistungs- und Strukturbereiche bestehen aus Basis- und Aufbaukriterien für die Punkte vergeben werden. Die Basiskriterien stehen für grundlegende Qualitätsaspekte und die Aufbaukriterien für zusätzliche Merkmale. Jeder Leistungsbereich unterteilt sich in acht Basisleistungen und in sieben bis acht Aufbauleistungen. Die vier Strukturbereiche unterteilen sich in vier Basis- sowie vier Aufbaustrukturen.

Die Leistungen des Familienzentrums sollen die Familie als Ganzes ansprechen „und einen Lebensraum sowohl für Kinder als auch für die gesamte Familie bieten" (MGFFI 2011). Zentraler Punkt ist ein familienorientierter Ansatz, der sich an alle Familien richtet und nicht auf bestimmte Zielgruppen fokussiert ist. Der Kriterienkatalog für das Gütesiegel „Familienzentrum NRW" umfasst, wie erwähnt, vier ***Leistungsbereiche*** mit Basis- und Aufbauleistungen, die ein Familienzentrum abdecken muss:

- Bereithaltung von Beratungs- und Unterstützungsangeboten für Kinder und Familie
- Förderung von Familienbildung und Erziehungspartnerschaft
- Unterstützung bei der Vermittlung und Nutzung der Kindertagespflege
- Verbesserung der Vereinbarkeit von Beruf und Familie

Neben den vier Leistungsbereichen müssen für das Gütesiegel Leistungen in den vier ***Strukturbereichen*** (Basis- und Aufbaustrukturen) erbracht werden:

- Ausrichtung des Angebotes am Sozialraum

Der Sozialraumbezug als ein Strukturbereich ist ein grundlegender Punkt bei dem Projekt Familienzentrum NRW. Die Angebote, die ein Familienzentrum erbringt, sollen niederschwellig, wohnortnah und auf die Bedürfnisse der Bewohner:innen des Nahraumes individuell zugeschnitten sein. Das heißt, jedes Familienzentrum muss hier ein individuelles, auf den Sozialraum zugeschnittenes Profil entwickeln. Die Kriterien der Basis- und Aufbaustrukturen beinhalten, dass sich das Familienzentrum mit den Gegebenheiten des Sozialraumes auseinandersetzt, sich mithilfe des Jugendamtes und des Trägers Daten und qualitative Informationen besorgt und die Angebote auf dieser Basis plant und ausbringt.

- Aufbau einer verbindlichen Zusammenarbeit mit Einrichtungen und Diensten, deren Tätigkeit den Aufgabenbereich des Familienzentrums berührt
- Bekanntmachung des Angebotes durch zielgruppenorientierte Kommunikation
- Sicherung der Qualität des Angebotes durch Leistungsentwicklung und Selbstevaluation

Das Landesprojekt Familienzentrum NRW ist ein ambitioniertes Projekt um die frühkindliche Bildung, Betreuung und Erziehung von Kindern nachhaltiger und effektiver unter stärkerem Einbezug der Eltern und des Sozialraumes niederschwellig zu gestalten. Die Weiterentwicklung wird als eine Top-Down Strategie, sprich hierarchisch von oben nach unten, durch die Landesregierung in NRW durchgeführt (anders als bei dem Projekt Early Excellence, wo es sich um eine Bottom-up Strategie handelt, d. h., ein Projekt welches sich aus der Praxis heraus entwickelt hat).

4.3 Sozialräumlich orientierte Modellprojekte

Die Bedeutsamkeit des Sozialraumes mit all seinen Institutionen sowie Kooperations- und Vernetzungsstrukturen für das Aufwachsen von Kindern und für Familien wurde in den letzten Jahren in verschiedenen kommunal orientierten Projekten herausgestellt.

In den Jahren von 1991 bis 1994 führte das Deutsche Jugendinstitut das handlungsorientierte Modellprojekt „**Orte für Kinder**" durch. Das Projekt hatte zum Ziel regionale Angebotsformen für Kinder und Familien als Teil der sozialen Infrastruktur weiterzuentwickeln, um hier Anregungen für eine Neujustierung von institutioneller Kindertagesbetreuung zu entwickeln und zu erproben. Es sollte dadurch einerseits das Betreuungsangebot für Kinder von null bis zwölf Jahren erweitert und andererseits das Betreuungsangebot auf die Bedarfe des gesellschaftlichen Wandels passgenauer gestaltet werden. Hierfür wurden die Bereiche der Familienhilfe und der Kindertagesbetreuung, die bisher eher nebeneinanderher agierten, miteinander verknüpft (vgl. Ledig/Schneider/Zehnbauer 1996, S. 349). Ziel des Projektes war ein Ausbau der kommunal bestehenden Angebote für Kinder und ihre Familien. Die Schwerpunkte wurden hier gesetzt, in der Öffnung von Einrichtungen von innen nach außen, sowie bei der Vernetzung von Familienselbsthilfe und anderen Institutionen. Das Ziel der Öffnung nach außen beinhaltete die Angebotserweiterung für alle Altersgruppen, insbesondere derer, welche bisher wenig bis gar nicht berücksichtigt wurden. Dies beinhaltete eine grundlegende Veränderung der bisher bestehenden Konzepte, da der bisherige Fokus sich veränderte. Neben der Erweiterung der Altersgruppe waren die Entwicklung neuer Formen der Zusammenarbeit mit Eltern und Familien, sowie Kooperationen und Vernetzungen mit relevanten Institutionen aus dem Stadtteil ein gesetztes Ziel. Bei dem Schwerpunkt der Vernetzung von Familienselbsthilfe und Institutionen stand im Zentrum die auf Familien ausgerichtete bedarfsorientierte Schaffung und der Ausbau neuer Kinderbetreuungsangebote in Mütterzentren und Familientreffs (vgl. Ledig/Zehnbauer 1994, S. 19). Das Projekt ist ein Vorreiterprojekt, welches bereits Anfang der 1990er Jahre unter Berücksichtigung der regionalen Voraussetzungen zum Ziel hatte, eine bedarfsgerechte Infrastruktur für Kinder und Familien zu schaffen und hierfür den Ausgangspunkt Kindertageseinrichtung nutzte. Das Projekt hat auch heute noch Beispielcharakter im Feld der institutionellen frühkindlichen Betreuung (vgl. Ledig/Schneider/Zehnbauer 1996, S. 360).

Gute zehn Jahre später, in den Jahren von 2005 bis 2007, wurde das Projekt „**Kind und Ko**" welches von der Bertelsmann- sowie der Heinz Nixdorf Stiftung gefördert wurde, in den Kommunen Chemnitz und Paderborn initiiert (vgl. Bock-Famulla/Langness/Schöne/Stieve 2008, S. 13). Zentrales Ziel des Projektes „Kind und Ko" ist der Aufbau eines Netzwerkes, das Kinder in ihrer Entwicklung, sowie in ihren Bildungsprozessen präventiv, kontinuierlich und nachhaltig begleitet (vgl. Stieve 2009, S. 2), um im Rahmen der Kommunen die Bildungs- und Entwicklungschancen von Kindern zu fördern. Eine zentrale Prämisse des Projektes lautet: „Kooperation und Vernetzung sind kein Selbstzweck" (vgl. Bock-Famulla/Langness/Schöne 2008, S. 211; Bock-Famulla/Langness/Schöne/Stieve 2008, S. 13). Nach Stieve (2009, S. 2) orientieren sich alle Maßnahmen des Projektes „an gemeinsam entwickelten Zielen und an verschiedenen Schwellen im Lebenslauf von Kindern und Familien". Zentral sollen die Akteure in der Lebenswelt von Kindern und ihren Familien, und das schließt Bildungsorte mit ein, stärker kommunal vernetzt werden (vgl. Bock-Famulla/Langness/Schöne 2008, S. 213). Ziel ist eine Governance der frühkindlichen Bildung (vgl. Stieve 2009, S. 1). Kinder und Familien sollen eine individuelle Förderung, Unterstützung und Begleitung erfahren. Dafür müssen Kindertageseinrichtungen in ihrem Bildungsauftrag gestärkt werden, und die bestehende Erziehungs- und Bildungspartnerschaft zwischen Kindertageseinrichtung und Eltern bedarf eines weiteren Ausbaus (vgl. Bock-Famulla/Langness/Schöne 2008, S. 213). Das Projekt „Kind und Ko" versteht Bildung als einen ganzheitlichen Prozess, der sich nicht ausschließlich an formellen Lernorten, wie den Bildungsinstitutionen Kindertageseinrichtung und Schule, vollzieht, sondern bereits mit der Geburt beginnt und auch in non-formellen Settings stattfindet (vgl. Bock-Famulla/Langness/Schöne 2008, S. 212). Auch, wenn die Handlungsempfehlungen, Maßnahmen und Projekte, die im Rahmen von „Kind und Ko" entstanden sind, nicht von Grund auf neu sind, zeichnet dieses Projekt insbesondere der umfassende Partizipations- und Entwicklungsprozess im Rahmen der Kommunen aus, an dem unterschiedliche Akteure mit einbezogen und beteiligt worden sind.

Um Kinder stärker als bisher vor Vernachlässigung und Misshandlung zu schützen, wurde vom Bundesministerium für Familie, Senioren, Frauen und Jugend 2007 im Rahmen des Aktionsprogramms „**Frühe Hilfen für Eltern und Kinder und soziale Frühwarnsysteme**" das Nationale Zentrum Frühe Hilfen (kurz NZFH) gegründet, um den Aus- und Aufbau von Unterstützungssystemen von Jugendhilfe und Gesundheitswesen für werdende Eltern, sowie Eltern von Säuglingen und Kleinkindern zu unterstützen. Das NZFH wird getragen von der Bundeszentrale für gesundheitliche Aufklärung und dem Deutschen Jugendinstitut (vgl. Sann/Schäfer 2008, S. 103). Wesentlicher Ansatzpunkt für das Programm war der Koalitionsvertrag der damals regierungsbildenden Parteien, in dem formuliert wurde: „Kinder mit sozialen und gesundheitlichen Risiken brauchen Förderung von Anfang an. Dazu müssen Hilfen für sozial benachteiligte und betroffene Familien früher, verlässlicher und vernetzter in der Lebenswelt bzw. dem Stadtteil verankert werden." (Sann/Schäfer 2008, S. 111f.)

Das Programm „Frühe Hilfen für Eltern und Kinder und soziale Frühwarnsysteme" hat daher zum Ziel „lokale und regionale Unterstützungssysteme mit koordinierten Hilfeangeboten für Eltern und Kinder ab Beginn der Schwangerschaft und in den ersten Lebensjahren mit einem Schwerpunkt auf der Altersgruppe der 0-3 Jährigen“ aus- und aufzubauen (Pott/Rauschenbach o. J., S. 14). Die Unterstützungssysteme sollen niederschwellig und lokal angelegt sein, damit sie für die Familien leicht zugänglich sind (vgl. Correll/Hiemenz/Lepperhoff 2012). Die unterschiedlichen Akteure erreichen die Familien und Kinder in ihren mannigfaltigen Lebensphasen und verfügen über spezifische Kompetenzen (vgl. Sann/Schäfer 2008, S. 112). Im Rahmen der Initiative „Frühe Hilfen für Eltern und Kinder und soziale Frühwarnsysteme“ gibt es mittlerweile einige unterschiedliche kommunale Modellprojekte, die vom NZFH unterstützt und evaluiert werden. Auch wenn der Fokus auf werdenden Familien oder Familien mit Säuglingen und Kleinkindern liegt, hat das Projekt Modellcharakter für den Aus- und Aufbau von regionalen Netzwerken in der Frühpädagogik. Im Zentrum steht immer die Verbesserung der Entwicklungsmöglichkeiten von Kindern und Familien. Hierfür sind multiprofessionelle, kommunale Vernetzungsstrukturen wesentlich, deren Auf- und Ausbau vom NZFH unterstützt werden.

Die hier dargestellten Modellprojekte haben alle einen differenten Ursprung, sowie eine unterschiedliche Vorgehensweise. Ihnen ist jedoch gemeinsam, dass sie, um Kindern und Familien Unterstützung anzubieten, eine wohnortnah sozialräumliche Ausrichtung verfolgen und an dem Lebensraum der Adressat:innen ansetzen.

5 Sozialraumorientierte Handlungsstrategien

Fachkräfte von Kindertageseinrichtungen müssen im Zuge der steigenden Bedeutsamkeit von Sozialraumorientierung lernen, was es heißt, die eigene Arbeit sozialraumorientiert auszurichten. Sie müssen Netzwerke aufbauen und pflegen und sich sozialraumorientierte Handlungsstrategien aneignen. Die Erweiterung des Blickwinkels ist für eine hohe pädagogische Qualität unabdingbar. Michels (2017, S. 448) formuliert in Bezug darauf „Im Idealfall ist die Kita eingebunden in ein sozialräumlich orientiertes Gesamtkonzept der Kommune und gut vernetzt mit allen Angeboten im Sozialraum". In der Praxis zeigt sich allerdings, dass viele Fachkräfte kein Verständnis von Sozialraumarbeit haben und hier konkrete Leitlinien benötigen.

Für die Sozialraumorientierung in Kindertageseinrichtungen lassen sich zwei Ebenen herausstellen. So ist die Kindertageseinrichtung einerseits ein Sozialraum in sich und andererseits ist die Kindertageseinrichtung in einem Sozialraum als Institution eingebunden. Der Sozialraum beeinflusst die Pädagogik der Kindertageseinrichtung durch die Rahmenbedingungen wie Sozialstruktur der Bewohner:innen, Infrastruktur, bauliche Struktur etc., und die Kindertageseinrichtung beeinflusst wiederum den Sozialraum durch öffentliche Veranstaltungen, Kooperation und Vernetzung mit anderen Institutionen oder stadtteilbezogene weitere Projekte, die in den Sozialraum hinauswirken (vgl. Kobelt/Neuhaus/Refle 2013, zit. in Nolte 2014). Beide Ebenen sind daher eng miteinander verbunden, sodass die „Kita als Sozialraum" in der Ebene die „Kita im Sozialraum" quasi eingebettet ist. Sie bildet im bestehenden Sozialraum einen kleineren, institutionsbezogenen Sozialraum (vgl. Jares 2016, S. 234).

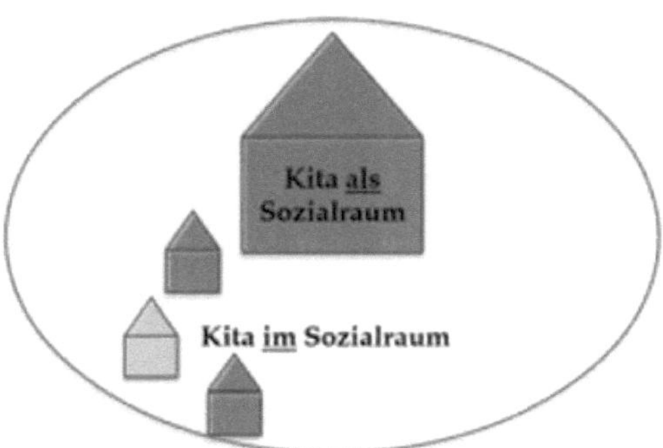

Abbildung 8 Sozialräumliche Handlungsebenen

Der gesellschaftliche Wandel, Politik und die Trägerzugehörigkeit beeinflussen die „Kita als Sozialraum“ und die „Kita im Sozialraum“ gleichermaßen.

Durch die erste PISA-Studie (die internationale Schulleistungsstudie der OECD) gerieten frühpädagogische Betreuungsinstitutionen in den Fokus von Politik und Gesellschaft. Der sogenannte „PISA-Schock“ im Jahr 2001 führte zur Diskussion darüber, wie Bildung stärker auch schon im vorschulischen Bereich etabliert werden kann. Kindertageseinrichtungen gewannen an Bedeutung (vgl. Rauschenbach/ Borrmann 2010, S. 11/ 17). Außerdem haben sich durch den gesellschaftlichen Wandel die Anforderungen an Familien verändert. Die Lebensformen sind vielfältiger geworden und die Lebensführung unsicherer (vgl. Heitkötter/Rauschenbach/ Diller 2008, S. 10). Familien verfügen vielfach nicht mehr über eigenständige Unterstützungssysteme und benötigen Unterstützungsmöglichkeiten in der Bewältigung ihrer Erziehungsaufgaben. Rauschenbach und Borrmann (2010, S. 22) sprechen in diesem Zusammenhang von einer „grassierenden Erziehungsunsicherheit“. Kinder verbringen außerdem zunehmend einen bedeutsamen Teil ihres Tages in frühpädagogischen Institutionen (vgl. BMFSFJ 2005, S. 25) und erfahren eine andere Sozialisation als früher. Sie besuchen früher institutionelle Settings, wie die Kindertageseinrichtung, und auch davor erleben sie schon soziale Gruppen, zum Teil ohne ihre Bezugspersonen, wie beispielsweise im Rahmen der Kindertagespflege oder im Rahmen von Spiel- und Krabbelgruppen (vgl. Jares 2016, S. 112). Verstärkt wird in der Fachwissenschaft von der „Institutionenkindheit“ gesprochen. Die Zeiten der Familienphasen werden geringer und die Zeiten in frühpädagogischen Betreuungsinstitutionen verlängern sich. Hier stieg die öffentliche Verantwortung, und das Aufwachsen von Kindern wird als eine gesamtgesellschaftliche Aufgabe betrachtet (vgl. BMFSFJ 2002 zit. in Rauschenbach/Borrmann 2010, S. 19).

Auf verschiedenen Ebenen versucht sich die Familien- und Bildungspolitik an Reformen, die auch den Sozialraum als Bildungsraum berücksichtigen. Es findet eine „Konfiguration der Erziehung durch politische Steuerung“ statt. Die Innenperspektive die „Kita als Sozialraum“ und die Außenperspektive die „Kita im Sozialraum“ sind davon gleichermaßen beeinflusst. Frühpädagogische Betreuungsinstitutionen fühlen sich den wechselnden politischen Richtlinien häufig machtlos ausgesetzt. Zudem erschwert die Tatsache, dass jedes Bundesland in Deutschland eigene Gesetze für Kindertageseinrichtungen hat, die praktische Umsetzung von politischen Leitlinien (vgl. Jares 2016, S. 120). Kindertageseinrichtungen können als Vertreter für die Belange von Kindern und Familien im Stadtteil eintreten. Dennoch erfahren sie häufig keine politische Einbindung vonseiten der Kommune. Kindertageseinrichtungen unterliegen alle gleichermaßen den politischen Richtlinien und gesetzlichen Rahmenbedingungen, unabhängig ihrer Trägerschaft. Die Trägerstruktur beeinflusst jedoch auch die konzeptionelle Arbeit der Institutionen und somit auch die sozialräumliche Ausrichtung (vgl. Schreyer/ Oberhuemer/Hanssen 2003, S. 33).

5.1 Die Kita als Sozialraum

Folgende Handlungsstrategien frühpädagogischer Fachkräfte lassen sich im Sinne der Kita als eigenständiger Sozialraum formulieren:

5.1.1 Erobern des Nahraumes

Kinder haben ein Interesse daran, was hinter der „Fensterscheibe" passiert, sie haben ein Interesse an „draußen". Da waren sich bereits Strätz, Derks-Killemann und Bourgeois im Jahr 1992 einig (S. 186), sodass die Eroberung des Nahraumes mit den Kindern eine ganz zentrale Handlungsstrategie im Sinne einer sozialräumlichen Arbeit darstellt. Kinder können sich nur als aktive Gesellschaftsmitglieder erfahren, wenn sie auch an der „echten" Gesellschaft teilhaben, z. B. als Verkehrsteilnehmer oder Konsument. Kinder müssen sich als ein Teil des gesellschaftlichen Lebens begreifen und die Funktionen von öffentlichen Institutionen und Einrichtungen kennenlernen, um später selbstbewusst agieren zu können. Durch das Nutzen von öffentlichen Verkehrsmitteln kann der eigene Sozialraum mit den Kindern verlassen werden, sodass sich weitere eventuell unbekannte Sozialräume erschlossen werden können. Dies bekommt eine besondere Relevanz, wenn der eigene Sozialraum sehr homogen geprägt ist und die Familien ggf. aufgrund ihrer Sozialstruktur diesen nur selten bis gar nicht verlassen (vgl. Jares 2016, S. 143ff.). Eine Pädagogik, die sich an der Lebenswirklichkeit der Kinder und Familien orientieren möchte, kann nicht nur auf den Raum der Kita beschränkt sein. Sie ist auf erweiterte Lernorte und auf die Einbeziehung anderer Personen und Gruppen, die an der Lebenswirklichkeit der Kinder teilhaben, angewiesen (vgl. Colberg-Schrader/Krug 1986, S. 97). Erfahrungen im Sozialraum können durch einfache Alltagssituationen, wie z. B. das gemeinsame Einkaufen, der gemeinsame Büchereibesuch oder der Besuch auf dem Wochenmarkt, eingebunden werden, sodass den Kindern unersetzbare Aneignungsmöglichkeiten geboten werden, die ihnen die Kita nicht bieten kann.

5.1.2 Berücksichtigung der Lebenswelt der Kinder

Eine weitere Handlungsstrategie lässt sich formulieren als ein pädagogisches Arbeiten, das sich an den Situationen, die Kinder im Alltag erleben, orientiert. Ausgehend von den Interessen der Kinder wird die pädagogische Arbeit gestaltet und Lern- und Bildungsprozesse angestoßen. Dieser Handlungsstrategie geht die Grundhaltung voraus, dass Kinder die Experten ihrer eigenen Lebenswirklichkeit sind. Sie werden angenommen in ihrem Sein und erfahren durch die pädagogischen Fachkräfte Begleitung bei der Aneignung und Entdeckung der Welt (vgl. Jares 2016, S. 148). Das Lernen hat so einen konkreten Bezug zu ihren Interessen und ihrer Lebenswelt, wodurch ein Lernen in Erfahrungszusammenhängen entsteht. Mit Bezug auf die Historie von sozialräumlicher Arbeit in Kindertageseinrichtungen, wird deutlich, dass diese Strategie bereits im Sinne des Monatsgegenstandes von Henriette Schrader-Breymann, sowie in dem weiterentwickelten Situationsansatz von Jürgen Zimmer und anderen eine lange Anwendung erfährt. Interessen und Themen der Kinder werden zum Ausgangspunkt der pädagogischen Arbeit gemacht. Außerdem nimmt die Kita die Funktion eines kompensatorischen Sozialraums ein, indem sie auf defizitäre Lebensumstände und Erfahrungsräume reagiert. Bietet beispielsweise die Lebenssituation der Kinder wenig naturnahe Anregungen, ermöglichen die Kindertageseinrichtung ebendiese Aneignungsprozesse (vgl. Jares 2016, S. 150f.).

5.1.3 Den Alltag mit den Kindern leben

Im Sinne dieser Handlungsstrategie werden die Kinder in lebenspraktische Alltagshandlungen eingebunden und erfahren durch die Kita so eine natürliche Verbindung zu ihrem Lebensalltag. Der Tagesablauf in der Kita bietet hier vielfältige Möglichkeiten, um die Kinder an Alltagsprozessen zu beteiligen und ihnen so vielfältige Erfahrungsräume zu ermöglichen (vgl. Jares 2016, S. 151f.). Altersgemischte Kindergruppen funktionieren ähnlich wie die Gesamtgesellschaft; es gibt Gemeinsamkeiten, es gibt das Individuum in der Gemeinschaft und es gibt das Umfeld. Der Alltag der Kita bietet somit viele Möglichkeiten, die Kinder auf das gesellschaftliche Leben vorzubereiten (vgl. Knauer/Sturzenhecker/Hansen 2012, S. 82). So erfahren die Kinder durch Teilhabe und Partizipation, wie ein demokratisches Miteinander gelingen kann und dass sie ein aktives Recht auf Teilhabe und Mitbestimmung in der Gesellschaft haben. Nur wenn Kinder in sie betreffende Entscheidungen miteinbezogen und ihnen ein Mitsprache- und Entscheidungsrecht zugesprochen wird, können sie dieses Recht auch in der Gesellschaft verantwortungsvoll ausüben (vgl. Jares 2016, S. 153). Den Kindern in der Kita Partizipation zu ermöglichen, die sich ins „Außen" überträgt, z. B. bei der Mitwirkung der Nahraumgestaltung, führt dazu, dass Erfahrungen in der Institution Kita nicht in einem isolierten Kontext stattfinden, sondern auch gesellschaftlich ein Wirken haben. Für die frühpädagogischen Fachkräfte gilt es, den Alltag als pädagogische Chance zu begreifen (vgl. Knauer/Sturzenhecker/Hansen 2012, S. 80/99).

In der Kita als Sozialraum lernen die Kinder somit gesellschaftliche Strukturen kennen und erfahren, ihre Rolle als Individuum in einem sozialen Kontext und in der Gemeinschaft zu verorten. Sie erfahren, dass ihre Stimme eine Wirkung hat und erleben das eigene Leben als mitgestaltbar (vgl. Jares 2016, S. 154).

Die Kita **als** Sozialraum

- Relationales Raumverständnis = die Kita wird durch die agierenden Akteure gebildet: Fachkräfte, Kinder, Eltern ...
  - Akteure werden bei der Gestaltung von Lernarrangements eingebunden
- Kindertageseinrichtung als Raum für vielfältige Aneignungs- und Erfahrungsmöglichkeiten
  - durch Gestaltung der pädagogischen Arbeit (z. B. Öffnung der Gruppen, Altersmischung)
- Erfahrungsprozesse innerhalb und außerhalb der Institution

Abbildung 9 Kita als Sozialraum

5.2 Die Kita im Sozialraum

Folgende Handlungsstrategien frühpädagogischer Fachkräfte lassen sich im Sinne der Kita im Sozialraum formulieren:

5.2.1 Die individuelle Eingrenzung des Sozialraumes

Fachkräfte aus Kindertageseinrichtungen orientieren sich weniger an den strukturell festgelegten Grenzsetzungen von übergeordneten Instanzen, wie z. B. der Zuordnung zu einem Stadtteil oder einem Kirchenkreis, sondern nehmen individuelle Eingrenzungen ihres Sozialraumes vor. Grenzen dienen der Unterscheidung, vermitteln Ordnung (vgl. Mayer-Tasch 2013, S. 47), bieten Sicherheit, sind letztendlich identitätsbildend und vermitteln soziale Zugehörigkeit. Von außen stellen sie erstmal eine Barriere dar, welche in der pädagogischen Praxis durch einen niederschwelligen Zugang überwunden werden muss. Für die Fachkräfte gibt es persönliche Grenzen, die sich an unterschiedlichen Faktoren festmachen (vgl. Jares 2016, S. 193). Denn insbesondere Kitas, die sich zwischen zwei Stadtteilen befinden und von sehr heterogenen Familien besucht werden, stehen vor der Schwierigkeit sich einem Stadtteil zuzuordnen. Für Kindertageseinrichtungen ist es nicht sinnvoll, sich an geografischen Räumen zu orientieren, wenn diese nicht mit der Lebenswelt der Familien übereinstimmen. Daher nehmen die pädagogischen Fachkräfte individuelle Grenzziehungen vor. Diese Grenzziehungsprozesse basieren auf ihren Alltagserfahrungen und sind nicht als statisch zu verstehen (vgl. Jares 2016, S. 194 ff.), auch mit Blick darauf, dass sich die Bevölkerung eines Stadtteils innerhalb eines Jahres zwischen einem Fünftel und einem Viertel verändert (vgl. van Santen/Seckinger 2005, S. 53f.). Eine anpassungsfähige sozialräumlich orientierte Arbeit in Kindertageseinrichtungen ist daher unabdingbar.

Die Eingrenzung der Sozialraumes erfolgt anhand folgender Faktoren:

- Naturgegebene Grenzen
- Bebauungsstrukturen des Nahraumes
- Sozialstruktur, welche wiederum von der Bebauungsstruktur beeinflusst wird
- Einzugsgebiet der Kita (ist dieses sehr heterogen und weitläufig ist insbesondere die Sozialstruktur der Familien von Relevanz, da diese unabhängig davon, ob sie in unmittelbarer Nähe zur Kindertageseinrichtung wohnen, als Teil des Sozialraumes gesehen werden)

Materielle und immaterielle Aspekte von Grenzsetzungen werden hier deutlich. Grenzen werden letztendlich durch Menschen geschaffen. In Bezug auf die Fachkräfte findet durch die individuelle Eingrenzung des Sozialraumes eine Identifikation mit diesem statt. „Offizielle" Grenzen sind den Fachkräften bekannt, finden jedoch bei individuellen Grenzziehungsprozessen kaum bis gar keine Beachtung. Eine individuelle Eingrenzung und eigenständige Definition des Sozialraumes unterstützen bei der zielgruppenorientierten Ausgestaltung der pädagogischen Arbeit (vgl. Jares 2016, S. 196–199).

5.2.2 Kooperation und Vernetzung

Eine zentrale Handlungsstrategie für eine sozialräumliche Orientierung von Kindertageseinrichtungen ist die Kooperation und Vernetzung mit anderen Institutionen. Basis hierfür ist das Engagement der Fachkräfte sowie das Wahrnehmen von Ressourcen und Problemlagen der Familien aus dem Sozialraum (vgl. Jares 2016, S. 199). Netzwerke müssen jenseits von Grenzen gedacht werden und sich an der Zielgruppe orientieren (vgl. Straus/Höfer 2005, S. 487). Durch eine gute Kooperation und Vernetzung aller Institutionen, die als Zielgruppe Familien und Kinder definieren, können niederschwellige Unterstützungsleistungen gestaltet werden. Bedeutsam ist, dass Netzwerkarbeit immer orientiert an den Bedarfen und Ressourcen des Sozialraumes geplant wird und es eine gemeinsam formulierte Zielsetzung gibt (vgl. Breuksch/Engelberg 2008, S. 188).

Kooperationen lassen sich unterscheiden in intra- und interprofessionelle Kooperationen:

- Intraprofessionelle Kooperationen: Kooperationen im Rahmen der Institution, z. B. Teamarbeit
- Interprofessionelle Kooperationen: Kooperationen außerhalb der eigenen Institution, z. B. Kooperation mit der Erziehungsberatungsstelle (vgl. Hochuli Freund/Stotz 2013, S. 112)

Kooperation und Vernetzung fordern von allen Beteiligten eine Bereitschaft zur Kooperation, da ein gutes Netzwerk aus „Geben und Nehmen“ besteht (Michels 2017, S. 449). Insbesondere interprofessionelle Kooperationen müssen mehr Beachtung und Verstetigung finden. Außerdem wird zwischen „natürlichen“ und „künstlichen“ Netzwerken unterschieden.

- Natürliche Netzwerke: Diese Netzwerke beziehen sich auf informelle Beziehungssysteme
- Künstliche Netzwerke: Diese Netzwerke bündeln professionelle Ressourcen, sie werden auch „tertiäre Netzwerke“ genannt (vgl. Schubert 2008, S. 74 f.). Hier lassen sich wiederum zwei unterschiedliche Formen der Steuerung identifizieren:
  - Zum einem werden Kooperationen bewusst ausgehend von Bedarfen im Sozialraum geschlossen.
  - Zum anderen werden Kooperationen „passiv“ geschlossen, d. h., hier nimmt entweder der Träger den federführenden Part ein oder Kooperationen ergeben sich im Alltag, z. B. aus der unmittelbaren Nähe von Institutionen.

Netzwerke bündeln die Ressourcen vor Ort (vgl. Jares 2016, S. 208).

5.2.3 Zusammenarbeit mit Eltern

Neben der pädagogischen Arbeit am Kind und der Vernetzung mit anderen Institutionen, ist die Zusammenarbeit mit Eltern ein wichtiger Aspekt der sozialräumlichen Arbeit. Im Leben von Familien sollte die Kindertageseinrichtung als Institution präsent sein und vonseiten der Kita sollte die Familien als Ganzes der Adressat ihrer Arbeit sein. Über die Kinder können die Eltern ermutigt werden, niederschwellig an übergreifenden Angeboten der Kita oder der Netzwerkpartner teilzunehmen.

Im Sinne einer Erziehungspartnerschaft sollte die Zusammenarbeit als partnerschaftlicher Austausch aller beteiligten Akteure auf Augenhöhe zum Wohle des Kindes gestaltet werden. Kritisch anzumerken ist, dass der Begriff der Erziehungspartnerschaft nicht verdeutlicht, dass es sich zwischen Eltern und Fachkräften um ein ungleiches Verhältnis handelt. Fachkräfte und Eltern bringen unterschiedliche Sichtweisen und Interessen in die Partnerschaft mit hinein, welche sich nicht immer partnerschaftlich angehen lassen, insbesondere mit Blick auf die vorhandenen Machtstrukturen und Hierarchien (vgl. Brock 2011, S. 16, zit. in Fröhlich-Gildhoff/Pietsch/Wünsche/Rönnau-Böse 2011, S. 17). Von den Fachkräften fordert dies ein reflektiertes professionelles, wertschätzendes Handeln. Ein zentrales Gestaltungselement der Zusammenarbeit mit Eltern sind Elterngespräche. Hier kann unterschieden werden, zwischen den gesetzlich festgelegten Entwicklungsgesprächen, terminierten Gespräche und spontanen Tür- und Angelgesprächen. Über die enge partnerschaftliche Verbindung zwischen Familie und Kindertageseinrichtung erfahren die Kinder eine Verknüpfung ihrer Lebenswelten (vgl. Jares 2016, S. 212). Die örtlichen Bezüge von sozialen Kontakten gehen durch eine gesteigerte Mobilität und vielfältige Möglichkeiten der Vernetzung, z. B. durch neue Medien, immer weiter auseinander. Persönliche Beziehungen sind somit immer weniger im Nahraum verortet, sondern räumlich verstreut (vgl. Lingg/Stiehler 2010, S. 175). Kitas können hier unterstützen, verinselte Lebenswelten von Familien miteinander zu verbinden (vgl. Zeiher/Zeiher 1998, S. 27 f.). Kitas bieten Familien eine unvergleichbare Möglichkeit für den Aufbau sozialer Beziehungen (vgl. Rosbach 2005, S. 152 ff./Schmidt-Denter 2002, S. 753, zit. in Liegle 2010, S. 75).

Der Blick auf die Kita im Sozialraum fokussiert auf die Beteiligung der Akteure im Sozialraum, wie die Zusammenarbeit mit den Eltern und die Kooperation und Vernetzung mit anderen Institutionen. Die individuelle Eingrenzung ist relevant, damit die Fachkräfte ihren Sozialraum für sich zunächst definieren.

Kita im Sozialraum

Die Kita im Sozialraum

- Die Kita ist eingebettet in einen „Sozialraum" und Teil dessen.
  Die Bewohner:innen des Stadtteils, die Akteure der Kita und weitere Akteur:innen von Institutionen bilden den „Sozialraum".
- Kitas befinden sich in Stadtteilen mit differenten Strukturen und weisen unterschiedliche Nutzungsmöglichkeiten auf.
  Sensibles Wahrnehmen der Problemlagen und Ressourcen des Sozialraumes und der Bedürfnisse und Bedarfe der Nutzer:innen.
- Sozialraumbezogenes Handeln in Form von intensiven Kooperations- und Vernetzungsstrukturen.

Abbildung 10 Kita im Sozialraum

Die Kindertageseinrichtungen sind aufgrund ihrer mangelnden städtischen Entscheidungsgewalt beziehungsweise ihres mangelnden Mitspracherechtes darauf angewiesen, dass Instanzen, wie Träger oder Politiker:innen, sich für die Belange der Kita einsetzen. Doch nur, wenn eine Einbeziehung von Fachkräften, die die Belange von Familien an politische Instanzen weitertragen, erfolgt, kann es eine (Familien-)Politik geben, die nicht an den Bedarfen aller vorbei gestaltet ist.

6 Netzwerkarbeit mit Institutionen im Sozialraum

Ein wesentlicher Pfeiler der Sozialraumarbeit von Kindertageseinrichtung ist die Kooperation und Vernetzung mit anderen Institutionen und Einrichtungen. Nur durch eine intensive kooperierende Netzwerkarbeit lässt sich eine gute Sozialraumarbeit umsetzen. Die Kooperation und Netzwerkarbeit orientiert sich hier immer ganz nah an den Bedarfen der Kinder und Familien und fordert ein hohes Engagement der pädagogischen Fachkräfte. Sie haben die Aufgabe, die Kinder und Familien in ihren konkreten Lebenssituationen wahrzunehmen und dementsprechend niederschwellige Angebote mit passgenauen Partnern zu entwickeln (vgl. Jares 2016, S. 199). Die Kooperation und Vernetzung ist hierbei keine optionale Aufgabe von Kindertageseinrichtungen, sondern verpflichtend geregelt in § 22a SGB VIII. Hier heißt es, „die Träger der öffentlichen Jugendhilfe sollen sicherstellen, dass die Fachkräfte in ihren Einrichtungen zusammenarbeiten

- mit den Erziehungsberechtigten und Tagespflegepersonen zum Wohl der Kinder und zur Sicherung der Kontinuität des Erziehungsprozesses,
- mit anderen kinder- und familienbezogenen Institutionen und Initiativen im Gemeinwesen, insbesondere solchen der Familienbildung und -beratung,
- mit den Schulen, um den Kindern einen guten Übergang in die Schule zu sichern und um die Arbeit mit Schulkindern in Horten und altersgemischten Gruppen zu unterstützen.“

Ebenfalls finden sich in den jeweiligen Kita-Gesetzen der Bundesländer gesetzliche Verankerungen zur multiprofessionellen Kooperation und Vernetzung, wie beispielsweise im § 14 Gesetz zur frühen Bildung und Förderung von Kindern (Kinderbildungsgesetz – KiBiz NRW), hier steht, dass Kindertageseinrichtungen mit Einrichtungen und Diensten, die den eigenen Aufgabenbereich berühren, zusammenarbeiten sollen.

Hinweis: Die Kooperation und Vernetzung mit anderen Institutionen ist eine verpflichtende Aufgabe von Kindertageseinrichtungen, die gesetzlich in § 22a SGB VIII verankert ist.

6.1 Mögliche Netzwerkakteure auswählen

Bedeutsam bei der Auswahl der Kooperationspartner ist, dass die Partner ein gemeinsames Ziel verfolgen (vgl. Breuksch/Engelberg 2008, S. 188) und Netzwerke nicht von Personen abhängig sind, sondern strukturell verankert werden. Dabei ist es nicht zwingend notwendig, dass die Kooperationspartner in unmittelbarer Nähe oder in der Kindertageseinrichtung ansässig sind. Viel bedeutsamer ist, dass sie niederschwellig für Familien nutzbar sind. Vernetzungstreffen aller Akteure gelten hier als besonders hilfreich (vgl. Jares 2016, S. 202/208). Förderlich für ein erfolgreiche Zusammenarbeit mit anderen Institutionen kann u.a. eine gleiche Trägerzugehörigkeit, eine gemeinsame Überzeugung der Idee der Zusammenarbeit oder auch die Offenheit und Bereitschaft der beteiligten Institutionen, neue Wege zu gehen, sein. Erschweren hingegen kann eine geringe Ausstattung mit personellen, finanziellen und räumlichen Ressourcen oder Unterschiede in der Grundstruktur der Institutionen, sowie Hemmnisse bei den Mitarbeiter:innen in Bezug auf die Zusammenarbeit sein.

Ausgehend von der Erfassung der Bedarfe und Bedürfnisse der Kinder und Familien können geeignete Kooperationspartner ausgewählt werden.

Mögliche Kooperationspartner können sein:

- Jugendamt und Landesjugendamt
- Träger
- Familienbildungsstätte
- Erziehungsberatungsstelle
- Gesundheitsamt
- Frühförderstelle
- Kinderärzt:innen/Zahnärzt:innen/Therapeut:innen
- Musikschule
- Sportvereine
- Lokale Dienstleister
- Andere Einrichtungen des Sozialraums: Jugendeinrichtungen, Kindertageseinrichtungen, Grundschulen, Tagespflegeeinrichtungen
- Ausbildungsstätten: Fachschulen und Hochschulen
- Bücherei
- Polizei und Feuerwehr

Unterstützend kann es sein, wenn man zunächst ein sogenannten „Institutionen-Mapping" durchführt. Damit lassen sich auf einfache Weise Netzwerke auch grafisch in einer „Landkarte" darstellen. Hierzu stellt man die Kita in den Mittelpunkt und drückt über Entfernungen die Nähe von Netzwerkbeziehungen aus.

Durch Pfeile – farbig oder im Beispiel gestrichelt (schlecht) oder durchgezogen (gut) – lassen sich die Beziehungen im Netzwerk verdeutlichen. Kooperationen lassen sich so auch hinsichtlich ihrer individuellen Stärken und Schwächen darstellen.

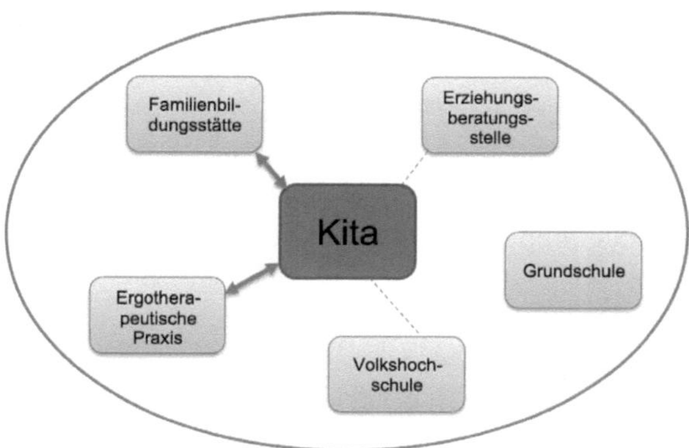

Abbildung 11 Beispiel „Institutionen-Mapping"

Hinweis: Mithilfe des Institutionen-Mappings kann man leicht einen Überblick über die bestehenden Kooperationspartner und die Intensität der Zusammenarbeit erhalten.

6.2 Formen der Zusammenarbeit

Kooperationen und Vernetzungen mit anderen Institutionen können ganz unterschiedlich aussehen. Die Kindertageseinrichtung und der/die potenzielle Partner:in müssen festlegen, welche Form der Kooperation eingegangen werden soll.

Es lassen sich vier Formen der Zusammenarbeit unterscheiden:

- **Koordination von Aktivitäten**: Zentraler Aspekt bei dieser Form der Kooperation ist der Austausch ohne eine zwingend gemeinsame Aktivität. Der Austausch kann hier Türöffner für eine tiefergehende Form der Kooperation und gemeinsame Aktivitäten sein.
- **Anlassbezogene Kooperationen**: Ausgehend von einem konkreten Anlass kooperieren Kindertageseinrichtung und der Kooperationspartner. Beispielsweise kooperiert die Kindertageseinrichtung mit dem örtlichen Sportverein für ein Bewegungsangebot für die Kinder in der Kita. Diese Kooperation ist zeitlich begrenzt und wird nach Abschluss beendet. Weitere anlassbezogene Kooperationen sind natürlich ebenso möglich wie weitreichendere Kooperationsformen.

- **Anlassübergreifende Kooperationen**: Anlassübergreifende Kooperationen werden, über einen konkreten Anlass hinaus, geschlossen und je nach Bedarf und thematisch passend immer wieder aktiviert. Diese Form der Kooperation besteht über einen längeren Zeitraum und wird im Bedarfsfall immer wieder aufgelebt.
- **Kooperierendes Netzwerk**: Die intensivste Form einer Zusammenarbeit ist das kooperierende Netzwerk. Hier wird gemeinsam mit den Netzwerkpartnern ein Konzept mit konkreten Zielen entwickelt. Aus dem Konzept gehen die Aufgaben und Verpflichtungen der Netzwerkpartner sowie die geplanten Angebote für die Kinder und Familien hervor (vgl. Jares 2022).

Um sich der Kooperationspartner und bestehenden Netzwerke bewusst zu sein, kann es hilfreich sein, diese zu sortieren und festzuhalten, um welche (geplante) Form der Zusammenarbeit es sich bei der jeweiligen Kooperation handelt.

Relevante Kooperationspartner	Geplante Form der Zusammenarbeit

6.3 Aspekte einer erfolgreichen Zusammenarbeit

Kooperationspartner finden, Kooperationen schließen und multiprofessionelle Netzwerke aufbauen, ist ein sehr intensiver – auch zeitlich fordernder – Prozess für alle Beteiligten. Die Bedarfe der Kinder und Familien stehen dabei im Mittelpunkt, von denen ausgehend entsprechend Kooperationsstrukturen aufgebaut werden. Von einer multiprofessionellen Kooperation wird immer dann gesprochen, wenn mehr als zwei Berufsprofessionen, welche eine Spezialisierung aufzeigen, miteinander arbeiten und sich in ihren Handlungen fachlich austauschen und absprechen (vgl. Olk/Speck/Stimpel 2011, 185f.).

Im Folgenden werden die Kernelemente einer gelingenden multiprofessionellen Zusammenarbeit näher dargelegt.

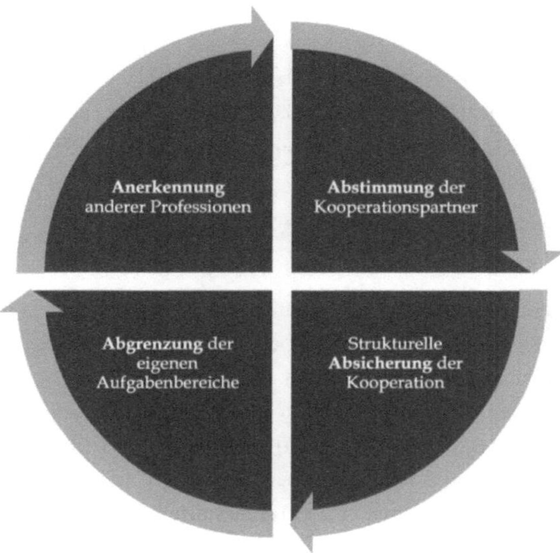

Abbildung 12 Kernelemente einer gelingenden multiprofessionellen Zusammenarbeit

- **Abstimmung** der Kooperationspartner

Multiprofessionelle Kooperations- und Vernetzungsprozesse gehen mit intensiven Klärungs- und Abstimmungsprozessen einher. Differente Vorstellungen, die auf die unterschiedlichen Institutionen und den damit verbundenen differenten Fokus der Arbeit zurückzuführen sind, müssen reflektiert und besprochen werden, um letztendlich unterschiedliche Ideen zusammenzuführen und stabile Kooperationsbeziehungen aufbauen zu können (vgl. Diller/Schelle 2009, S. 53).

Für die einzelnen Partner:innen ergibt sich hier immer die Herausforderung, dass sie einerseits die Anforderungen ihrer Herkunftsorganisation, wie zum Beispiel der Kindertageseinrichtung und andererseits die Anforderungen des Kooperationsnetzwerkes, z. B. der Familienbildungsstätte im Blick haben müssen. Die Planungen und Ziele sollten idealerweise miteinander vereinbart sein. Dies erfordert, dass individuelle Vorgehensweisen und Arbeitsstrategien der jeweiligen Kooperationspartner besprochen und intensive Absprachen getroffen werden (vgl. van Santen/Seckinger 2005a, zit. in Diller/Schelle 2009, S. 55). Eine gemeinsame kooperative Planung und Zielsetzung, ausgehend von festen Verbindlichkeiten und Zuständigkeitsbereichen und eine strukturelle Absicherung ist notwendig, um erfolgreich in multiprofessionellen Kooperationen zu agieren.

Folgende Fragen sollte man sich im Abstimmungsprozess stellen:

→ Welches Ziel verfolgen wir? In welche Richtung soll sich unsere Zusammenarbeit entwickeln?
→ Welche Kompetenzen bringen wir für die Zusammenarbeit mit?
→ Wer übernimmt welche Aufgaben in der Zusammenarbeit?
→ Welche Kommunikationsstrukturen möchten wir etablieren?
→ Gibt es einen zeitlichen Rahmen für unsere Kooperation?
→ Sehen wir Grenzen in unserer Zusammenarbeit?

- Strukturelle **Absicherung** der Kooperation

Kooperationsnetzwerke erfahren eine besonders hohe Anerkennung, wenn sie einheitlich von operativer Ebene geplant und geschlossen werden (vgl. Breuksch/Engelberg 2008, S. 188). Unterstützend können hier sogenannte „Koordinierungsstellen“ wirken, die ausgehend von den differenten Situationen und Bedarfen der Sozialräume flächendeckende, trägerübergreifende und multiprofessionelle Kooperations- und Koordinierungsstrukturen schaffen (vgl. Jares 2016, S. 202/206). Dies spricht auch dafür, dass Netzwerke besonders tragfähig und langfristig sind, wenn sie nicht von Personen abhängig sind, sondern strukturell mittels Kooperationsverträge (siehe Musterkooperationsvertrag auf der nächsten Seite) verankert werden (vgl. Kasüschke/Fröhlich-Gildhoff 2008, S. 160). Ebensolche Koordinierungsstellen müssen aber politisch implementiert und unterstützt werden.

- **Abgrenzung** der eigenen Aufgabenbereiche

Das Eingehen von multiprofessionellen Kooperations- und Vernetzungsstrukturen fordert immer auch eine klare Benennung und Abgrenzung von Aufgaben und Zuständigkeiten aller beteiligten Partner:innen (vgl. Breuer/Reh 2010; Breuer 2011, zit. in Bauer 2014, S. 277). Eine systemübergreifende Kooperationsbereitschaft ist in der Praxis nicht immer leicht umzusetzen. Dies kann auf fehlendes Wissen über die Funktion von anderen Institutionen und Professionen oder auch auf Statusdifferenzen, sowie fehlende Verbindlichkeiten zurück zu führen sein. Für eine multiprofessionelle Zusammenarbeit ist es somit unabdingbar, dass die Partner:innen ihren eigenen Verantwortungs-bereich abstecken können, eigene fachliche Grenzen kennen, wissen, wer wofür zuständig ist, Unterstützung einfordern, Aufgaben delegieren können und schlussendlich sich selbst auch nicht für alles zuständig fühlen (vgl. van Santen/Seckinger 2005, S. 56). Dies setzt hohe Fach-, Feld- und personale Kompetenzen aller Akteure voraus (Bassarak 2006, S. 201). Vernetzungstreffen zu bestimmten Themenstellungen im Sozialraum mit anderen Institutionen im Sinne eines „Runden Tisches“ können hier unterstützend sein (vgl. Jares 2016, S. 202).

Muster Kooperationsvertrag

Zwischen der Kindertageseinrichtung:

____

(Kooperationspartner A)

Vertreten durch die Kita-Leitung: __________________________________

und

der Institution:

____

(Kooperationspartner B)

Vertreten durch (Name und Funktion): ______________________________

wird am: ________________

folgende Kooperationsvereinbarung geschlossen:

☞ Inhalte des Kooperationsvorhabens (Was ist Gegenstand der Kooperation? Wie soll die Kooperation ablaufen? Wie ist der Zeitplan?)

☞ Gemeinsame Ziele der Kooperation (Welche Ziele werden mit der Kooperation verfolgt?)

☞ Aufgaben und Pflichten (Welche Aufgaben und Pflichten haben die einzelnen Kooperationspartner?)

☞ Geplante Evaluation (Wie werden die festgelegten Ziele evaluiert?)

☞ Zeitrahmen (Wie lange gilt die Kooperation?)

____

Datum, Unterschrift Kooperationspartner A

____

Datum, Unterschrift Kooperationspartner B

- **Anerkennung** anderer Professionen

Nicht selten herrscht in multiprofessionellen Netzwerken ein Konkurrenzverhältnis, welches auf die unterschiedlichen Professionen und die differenten strukturellen Bedingungen der Institutionen zurückzuführen ist. Bauer (2014, 267f.) spricht im Zuge dessen von einer „Spannung zwischen der Aufrechterhaltung einer professionsspezifischen Differenz einerseits und der Notwendigkeit der Integration von Perspektiven und Bearbeitungsstrategien andererseits".

Der professionelle Blick auf die gemeinsame Zielgruppe kann völlig unterschiedlich sein, ausgehend von der Herkunftsinstitution und dem spezifisch fachlichen Selbstverständnis, wie z. B. Kindertageseinrichtung und Allgemeiner Sozialer Dienst des Jugendamtes. Das beruht darauf, dass jede Institution immer eine eigene Tradition und Kultur und damit verbundener Eigendynamik hat. Auch sind die Finanzierungsgrundlagen nicht selten anders. Das institutionelle Selbstverständnis bestehend aus der jeweiligen fachlichen Einschätzung und der spezifischen Perspektive der Fachkräfte dient immer auch der Identifikation mit der eigenen Profession, aber bringt dadurch eine herausfordernde Dynamik mit in die multiprofessionelle Zusammenarbeit.

Erfolgreich umgesetzt werden kann eine Kooperation dennoch, wenn unterschiedliche Sichtweisen als eine Erweiterung der eigenen Perspektive und somit zu einer Weiterentwicklung der Handlungsansätze aller Akteure führt (vgl. Diller/Schelle 2009 S. 54) und andere Professionen anerkannt werden.

Hinweis: Kernelement einer gelingenden Kooperation und Vernetzung sind die vier „A's": Abstimmung, Absicherung, Abgrenzung und Anerkennung.

6.4 Auswertung der Zusammenarbeit

Kooperationen sollten mindestens nach Abschluss, aber bei länger währenden Kooperationen auch regelmäßig währenddessen evaluiert werden, um zu überprüfen, ob die Kooperation und die damit verbundenen Angebote noch zu den Bedarfen und Bedürfnissen der Kinder und Familien aus dem Nahraum passen. Die Kooperationen sollten immer einen effektiven Nutzen für alle Beteiligten haben. Überflüssige Kooperationen, die keinen Nutzen für die Kindertageseinrichtung haben, sind nur unnötiger Ballast und sollten somit beendet werden.

Reflexionsfragen zur Evaluation der Kooperation:

- Hat das Angebot das gestellte Ziel erfüllt?
- Wurde unsere festgelegte Zielgruppe erreicht?
- Was war gelungen?

- Was war nicht gelungen?
- Welche Veränderungen bedarf es?
- War die Zusammenarbeit zur Zufriedenheit aller?
- Welche Rückmeldungen haben wir von den Kindern und Familien erhalten, die das Angebot in Anspruch genommen haben?
- Möchten wir die Kooperation mit dieser Institution weiterführen?

Schafft es die Kindertageseinrichtung, ein Kooperationsnetzwerk mit den relevanten Institutionen zu etablieren, erleben Familien diese als eine positive Einheit, die zusammen agiert. Zu berücksichtigen ist, dass ein Netzwerk nichts Statisches ist, sondern sich immer wieder neu den sich wandelnden Gegebenheiten anpassen muss.

Durch eine gelingende Netzwerkarbeit erschließen sich für Kinder neue Erfahrungs- und Aneignungsräume. So kann beispielsweise durch gezielt gewählte Kooperationen eine Profilschärfung der Einrichtung stattfinden. Außerdem kann die bewusste Gestaltung von Übergängen von/in andere Bildungseinrichtungen wie Krippe, Tagespflege oder Grundschule als Qualitätsmerkmal hervorgehoben werden, fachliche Kompetenzen durch eine Zusammenarbeit mit Fachschulen, Hochschulen oder Beratungseinrichtungen gebündelt und weiterentwickelt werden sowie Ressourcen, wie beispielsweise Räumlichkeiten und Materialien, gemeinsam genutzt werden. Letztendlich lässt sich durch eine intensive Vernetzung mit anderen Institutionen, die ein ähnliches Ziel verfolgen, eine sozialpolitische Lobby für Kinder schaffen (vgl. Jares 2022).

7 Die pädagogische Arbeit bedarfsorientiert gestalten

Die Bedürfnisse von Familien und Kindern sind sehr unterschiedlich und unterscheiden sich auch stark davon, in welchem Sozialraum die Kindertageseinrichtung liegt bzw. in welchem Sozialraum die Familien ihren Lebensmittelpunkt haben. Ausgehend von den Bedarfen, muss die pädagogische Arbeit gestaltet werden.

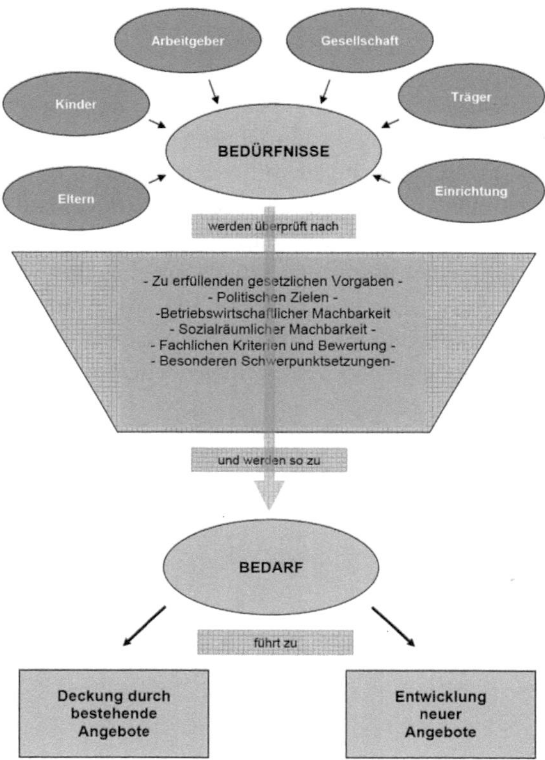

Abbildung 13 Bedarfe und Bedürfnisse (Landesamt für Soziales, Jugend und Versorgung des Landes Rheinland-Pfalz 2008)

Um die Bedarfe der Familien und Kinder zu identifizieren, sollten einerseits sozialstatistische Daten herangezogen werden, wie beispielsweise der Sozialraumdatenatlas der Kommune. Dieser gibt Auskunft über Familienstrukturen, Haushaltszusammensetzungen und Beschäftigungssituationen. Andererseits sind individuelle Daten bezogen auf die Lebenswelt der Kinder und Familien, welche sozialraumorientiert ausgerichtet sind ebenfalls heranzuziehen.

Um die Bedürfnisse und Bedarfe der Familien zu identifizieren, kann es hilfreich sein, sich im Team gemeinsam folgende Fragen zu stellen:

Welche Angebote benötigen die Kinder der Kita mit Blick auf:

- → ihr Alter, ihr Geschlecht, ihren kulturellen Hintergrund, ggf. ihren Förderbedarf?
- → dem ihre Entwicklung entsprechenden Förder- und Unterstützungsbedarf?

Welche Angebote benötigen die Familien unserer Kita und unseres Sozialraumes, um:

- → Familien- und Berufsleben gut vereinbaren zu können?
- → Unterstützung in ihren differenten Lebenslagen zu erhalten?
- → die Erziehungsaufgaben ihrer Kinder gut erfüllen zu können?

7.1 Niederschwelligkeit als Prinzip der pädagogischen Arbeit

Der Begriff der Niederschwelligkeit beschreibt, dass eine Schwelle niedrig gesetzt werden soll und impliziert somit, dass es überhaupt eine Schwelle gibt. Eine Schwelle ist grundsätzlich zunächst nur ein Übergang, und Übergänge gehören sowohl räumlich, als auch psychologisch zum Alltag von Menschen.

Der Begriff „Niederschwelligkeit“ impliziert damit einhergehend zwei Schwellen: Einmal die räumliche Schwelle, die einen Raum von anderen Räumen abgrenzt. Diese Schwelle ist immer vorhanden und muss strukturell sowie persönlich gestaltet werden, um sie „niedrig“ zu halten. Beispiele dafür sind ein einladender offener Eingangsbereich, der Eltern in der Kita Willkommen heißt, sowie die innere, psychologische Hemmschwelle eines Menschen, gewisse Dinge zu tun, etwa, ein Angebot der Erziehungsberatung aus Scham nicht in Anspruch zu nehmen.

Hinweis: **„Niederschwelligkeit“ impliziert zwei niedrig zu setzende Schwellen:**

- die **räumliche Schwelle**, die einen Raum vom anderen abgrenzt, sowie
- die **innere Hemmschwelle** eines Menschen, die impliziert, die innere psychologische Hemmung eines Menschen, gewisse Dinge zu tun.

Eine niederschwellige sozialräumlich ausgerichtete Ausgestaltung der pädagogischen Arbeit in Kindertageseinrichtungen setzt das Wahrnehmen, Verstehen und das Wissen um den Alltag und die konkrete Lebenssituation der Familien voraus. Die pädagogischen Fachkräfte müssen sich mit dem Sozialraum der Kita auseinandersetzen, ihn kennen, Veränderungen wahrnehmen und über Informationen bezüglich Altersstruktur, Einkommen, Migrationsanteil etc. verfügen. Ebenso sind Kenntnisse über das Vorhandensein von anderen Institutionen und deren Angeboten unerlässlich, um diese ggf. durch Kooperationen konstruktiv in die Arbeit der Kita miteinzubinden.

Hinweis: Eine niederschwellige Ausgestaltung setzt das Wahrnehmen, Verstehen und Wissen um den Alltag und die Lebenssituation der Familien voraus.

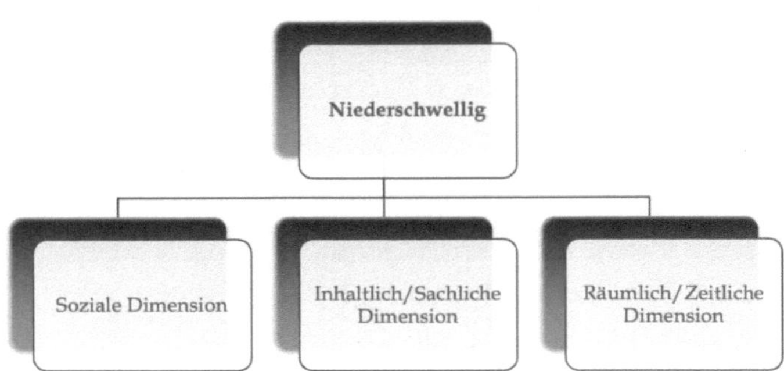

Abbildung 14 Dimensionen von Niederschwelligkeit

Der Begriff „Niederschwelligkeit" bezieht sich im Feld der Kindertageseinrichtungen im Zentralen auf Angebote, impliziert aber auch den Bezug auf die Einrichtung als solche und auf das Lebensumfeld von Familien.

Hier lassen sich drei verschiedene Dimensionen von Niederschwelligkeit differenzieren:

- Die **soziale Dimension** bezieht sich auf die Interaktion zwischen den Akteur:innen. Eine persönliche Beziehung zu den Familien, Flexibilität von Seiten der Fachkräfte, motivieren sowie sensibilisieren der Familien, Teilhabe für alle ermöglichen, Begleitung und Unterstützung bieten, sowie ein Bezug zur Lebenswelt der Familien sind soziale Kriterien von Niederschwelligkeit.
- Auf **inhaltlicher/sachlicher Dimension** sind die Zielgruppen- und Bedarfsorientierung, die Beitragsfreiheit, die Unverbindlichkeit und Anonymität, die Voraussetzungsfreiheit, die Kooperation und Vernetzung mit anderen Einrichtungen und das frühe Ansetzen von Hilfen, also Prävention, sowie eine flexible Niveaugestaltung der Angebote Kriterien von Niederschwelligkeit.
- In der **räumlichen/zeitlichen Dimension** sind die Punkte Sozialraumbezug, Wohnortnähe, Veranstaltungsort Kita, die praktisch räumliche Erreichbarkeit sowie die Kombination von Komm- und Gehstruktur und die zeitliche Bedarfsorientierung Eigenschaften von Niederschwelligkeit.

Anzumerken ist, dass ein Angebot, welches für die eine Gruppe niederschwellig ist, für eine andere Gruppe nicht niederschwellig sein muss. Außerdem kann ein niederschwelliges Angebot im Niveau durchaus hoch sein, z. B. durch die Behandlung eines anspruchsvollen Themas. Es bedarf der Reflexion, welche Angebote Kinder in Bezug auf ihr Alter, ihr Geschlecht, ihren kulturellen Hintergrund etc. benötigen, um in ihrer Entwicklung angemessen gefördert und unterstützt zu werden. Ebenfalls muss reflektiert werden, welche Angebote Familien benötigen, um Familie und Beruf vereinbaren zu können, Hilfe in sozial angespannten Verhältnissen zu erhalten und in ihrer Aufgabe der Erziehung ihrer Kinder unterstützt zu werden (vgl. Jares 2014, S. 20–21).

7.2 Bedarfe von Eltern wahrnehmen

Im Sinne einer sogenannten „Erziehungs- und Bildungspartnerschaft" gilt es sowohl von bildungspolitischer Seite als auch aus pädagogischer Perspektive, die Eltern aktiv miteinzubinden. Diese letztendlich verpflichtende Zusammenarbeit auf Augenhöhe zwischen Familie und Kita, die dem Wohle der Kinder dienen soll, ist im § 22 und § 22a SGB IIX verankert. Nentwig-Gesemann und Hurmaci (2020, S. 9) schreiben dazu:

> „Nur wenn die Perspektiven von Eltern, ihre Qualitätsvorstellungen in Bezug auf die Betreuung, Erziehung und Bildung ihrer Kinder sowie auf ihre Zusammenarbeit mit den Fachkräften transparent gemacht werden, in ihrer ganzen Vielfalt und zum Teil auch Widersprüchlichkeit, können sich Eltern als relevante und anerkannte Akteure in die Qualitätsbewertung, die Entwicklung von Qualitätskriterien und die Qualitätsentwicklung einer Kita einbringen."

Somit sollten Familien frühzeitig in die Gestaltung der Angebote der Kindertageseinrichtung miteingebunden werden. Eine bedürfnis- und bedarfsgerechte Ansprache aller Eltern fordert die Kindertageseinrichtung heraus, insbesondere bei Familien, die sich in besonderen Lebenslagen und -bedingungen befinden, z. B. die durch Armut oder Fluchterfahrungen geprägt sind oder aufgrund einer alleinerziehenden Betreuungssituation besonderen Belastungen ausgesetzt sind. Die Familien müssen daher in ihrer Individualität wahr- und aufgenommen werden, und es bedarf vielfältiger Methoden zu Aktivierung und Partizipation. Die Kita ist hier aufgefordert, passgenaue Methoden zur Elternbeteiligung zu konzipieren und die Bedarfe zu erfassen, um so konkrete Ideen zur Umsetzung und Gestaltung von Angeboten zu gewinnen. Je stärker die Methode auf die Möglichkeiten und auch Grenzen der Eltern ausgerichtet ist, desto intensiver erleben die Familien eine Beteiligung an den Prozessen der Angebotsgestaltung (vgl. Nolte 2014, S. 18) und desto stärker werden die Angebote dann auch letztendlich wahrgenommen.

Eine zentrale Methode zur Bedarfsanalyse ist die Elternbefragung. Elternbefragungen können themenspezifisch oder offen angewandt werden. Die Elternbefragung ist eine anspruchsvolle Methode, da die Fragen im Fragebogen sorgfältig ausgewählt und formuliert werden müssen. Außerdem ist zu berücksichtigen, dass eine Elternbefragung auch Eltern mit z. B. sprachlichen Barrieren erreichen soll, sodass z. B. der Fragebogen in verschiedenen Sprachen zur Verfügung gestellt oder Unterstützung beim Ausfüllen durch eine unabhängige Person angeboten wird.

Um aussagekräftige Antworten zu bekommen, müssen die Eltern auch einen konkreten Überblick über die bestehenden Angebote haben und sich auch ihrer eigenen Bedarfe in gewisser Weise bewusst sein. Daher sind die Antworten, die sich aus einer Elternbefragung ergeben, auch immer nur als grobe Richtschnur zu werten und müssen intensiv im Team reflektiert werden.

Folgende Merkmale sollte die Befragung haben:

- Anonyme Befragung
  - Es sollten keine Angaben erfragt werden, die Rückschluss auf die Identität zulassen.
  - Der Fragebogen sollte nicht persönlich entgegengenommen, sondern z. B. in eine Box geworfen werden.
  - Die ausgefüllten Fragebögen sind an einem geschützten Ort aufzubewahren.

- Freiwillige Teilnahme
  - Die Teilnahme an der Befragung sollte immer auf freiwilliger Basis geschehen. Bei Nichteilnahme dürfen für die Person keine Nachteile entstehen.
  - Besser ist es, die Familien zur Teilnahme zu motivieren und transparent zu machen, weshalb und mit welchem Ziel die Befragung durchgeführt wird.
  - Außerdem sollte die Beteiligung so leicht und niederschwellig wie möglich gemacht werden.
  - Die Rücklaufquote sollte bei einer schriftlichen Befragung bei mindestens 40 Prozent liegen. Erhöhen kann man diese, wenn man die Eltern gezielt anspricht.

- Gut durchdachte und konkret formulierte Fragen
  - Fragen präzise formulieren.
  - Ca. 80 Prozent geschlossene Fragen, d. h. mit vorgegebener Antwortmöglichkeit (hier müssen die Antwortalternativen sehr konkret und abgren-

zend formuliert sein) und 20 Prozent offene Fragen mit offenen Antwortmöglichkeiten anbieten.
- Pro Frage einen Aspekt thematisieren.

Mögliche Inhalte des Fragebogens zur Elternbefragung:

→ Wie gut passen die aktuellen Angebote zu den Bedarfen der Eltern?
→ Welche Bedarfe identifizieren die Familien bei sich selbst?
→ Würden weiterführende Angebote genutzt werden?
→ Was würde die Teilnahme im Sinne der Niederschwelligkeit erleichtern?
→ Sind die Familien bereit, eigene Ressourcen mit in den Alltag der Kita einzubringen?
→ Welche Erwartungen haben die Familien an mögliche Angebote?

Ein Fragebogen kann die Entwicklungsbedarfe einer Kindertageseinrichtung herausstellen. Werden die Erkenntnisse aus dem Fragebogen positiv umgesetzt, kann dies zu Zufriedenheit im Team und bei den Familien und Kindern führen. Darüber hinaus werden die Eltern dazu angeregt, sich aktiv mit den Angeboten/Inhalten der Kita auseinanderzusetzen. Die pädagogischen Fachkräfte kommen so an Wissen, welches ihnen im Alltag vielleicht nicht zugänglich ist. Eine offene Gesprächskultur entsteht (vgl. Schneider 2015).

Darüber hinaus können Bedarfsabfragen auch im Rahmen von Elternabenden oder den klassischen Elterngesprächen, sowie in halbstandardisierten Dialoggesprächen mit den Eltern erfasst werden. Diese ergänzenden Methoden vermeiden, auch wenn sie nicht anonym sind, dass Eltern sich nur schriftlich äußern können. Zudem werden in Gruppen, wie Elternabenden, häufig noch mehr Ideen generiert, sowie gleich diskutiert und ggf. auch schon wieder verworfen oder aber für gut befunden (vgl. Kobelt-Neuhaus 2018. S. 107).

7.3 Partizipation von Kindern in der Sozialraumarbeit

Der Begriff „Partizipation" bedeutet teilnehmen/teilhaben und impliziert in der Frühpädagogik somit die Beteiligung und Mitbestimmung von Kindern. Im Sinne der Partizipation werden Kinder in alle Belange, die sie betreffen, demokratisch miteinbezogen. Das Recht auf Beteiligung und Berücksichtigung der Meinung von Kindern in allen sie betreffenden Angelegenheiten, ist eines der Grundprinzipien der UN-Kinderrechtskonvention (Artikel 12) und somit ein Grundrecht von Kindern. Zur Mitwirkung und Mitbestimmung von Kindern werden in Kindertageseinrichtungen häufig sogenannte „Kinderparlamente" implementiert, aber es gibt noch viele weitere Methoden, den Kindern im Kita-Alltag Mitbestimmung zu ermöglichen. Auf diese Methoden soll im Folgenden näher eingegangen werden. Dabei ist zu berücksichtigen, dass es sich bei Partizipation weniger um eine Methode, als vielmehr um eine Grundhaltung der Pädagog:innen handelt.

7.3.1 Demokratiebildung im Sozialraum

Für Kinder muss Demokratie als Basis in Kindertageseinrichtungen verständlich und erlebbar gemacht werden. Demokratiebildung sollte damit bereits bei den Jüngsten der Gesellschaft angesiedelt sein, sie sollten das Leben in einer vielfältigen Gesellschaft mitgestalten. Kinder können demokratierelevante Kompetenzen in Mitbestimmung und Verantwortungsübernahme jedoch nur erlernen, wenn das Umfeld ihnen Selbstbestimmung im alltäglichen Handeln und bei alltäglichen Erfahrungen auch ermöglicht. Es wird davon ausgegangen, dass sich ein demokratisches Verständnis von Kindern bereits im Kindesalter entwickelt. Im Zuge dessen geht es nicht nur darum, etwas über Demokratie zu lernen, sondern darum, Demokratie praktisch erfahrbar zu machen (vgl. Edelstein 2014). Demokratie braucht daher aber auch einen Ort bzw. Gelegenheiten, an denen Kinder demokratische Verfahrensweisen erproben können. Wesentlich ist, dass Demokratieförderung bereits frühzeitig ansetzt, altersgerecht gestaltet ist und alle Kinder und Jugendlichen mit einbezieht (vgl. Bundesjugendkuratorium 2017, zit. in Winklhofer 2018, S. 5). In Bezug auf Kitas impliziert das,

- dass Kinder erfahren, dass ihre Meinung einen Wert hat und gehört wird von Erwachsenen,
- dass ihnen erfahrbar gemacht wird, wie Entscheidungen gemeinsam ausgehandelt und getroffen werden,
- und dass sie spüren, dass sie mitgestalten und etwas bewirken können.

Mit Partizipation sind außerdem wichtige Bildungsziele verknüpft, die als Schlüsselqualifikationen gelten, wie u. a. eigenständiges Handeln, kommunikative Fähigkeiten, Positionierung der eigenen Standpunkte bei gleichzeitiger Respektierung der Meinungen anderer und gewaltfreie Formen der Konfliktlösung (vgl. Winklhofer 2018, S. 6). Es geht darum, dass Kinder an Entscheidungen, die sie selbst betreffen, mitwirken und sie ihr Leben als mitgestaltbar erfahren.

Hinweis: Demokratie braucht Gelegenheiten, an denen Kinder demokratische Verfahrensweisen frühzeitig und altersgerecht erproben können. Kinder können Demokratie und Mitbestimmung nur erlernen, wenn ihnen Selbstbestimmung im alltäglichen Handeln und bei alltäglichen Erfahrungen ermöglicht wird.

Stufen von Partizipation:

- *Information*: Nur, wenn man gut informiert ist, kann man sich auch beteiligen und mitentscheiden.
- *Anhörung*: Die eigene Sichtweise wird gehört und man wird über Entscheidungen in Kenntnis gesetzt.
- *Mitbestimmung*: Man darf Entscheidungen gemeinsam mit Erwachsenen treffen.
- *Selbstbestimmung*: Man darf alleine oder gemeinsam mit anderen Kindern entscheiden.

Von Seiten der Erwachsenen fordert Partizipation in diesem Sinne, dass die Mitentscheidungsrechte der Kinder geklärt, dass verlässliche Beteiligungsgremien eingeführt und methodisch angemessen gestaltete Beteiligungsverfahren eingesetzt werden. Letztendlich geht es um die Gestaltung von respektvollen Beziehungen aller Beteiligten (vgl. Leitner 2018, S. 23).

Im Sinne eines umfassenden Verständnisses von Partizipation beinhaltet diese auf institutioneller Ebene eine Öffnung der Kindertageseinrichtung hin zum Sozialraum. Begreift die Kindertageseinrichtung sich als Bestandteil des Sozialraumes und nutzt die Potenziale von diesem, so werden die Kinder und Familien als Akteure des Sozialraumes gestärkt. Irl (2018, S. 4) schreibt hierzu: „Der relevante Sozialraum für die Kita ist die Summe der Lebenswelten der Kinder und ihrer Familien. Unter Lebenswelt werden hier sowohl der Aktionsraum, in dem sich Kinder und Familien aufhalten, als auch die Beziehungsstrukturen, die die Familien auszeichnen, verstanden." Ein erweitertes Verständnis von Partizipation begreift das Kind somit in seinen Lebenszusammenhängen und nimmt daher auch die Familien und den Sozialraum mit in den Blick.

In der Kindertageseinrichtung können die Fachkräfte vielfältige Mitbestimmungsmöglichkeiten für die Kinder schaffen. Doch darüber hinaus geht es auch um die Etablierung von Partizipation im kindlichen Sozialraum. Den Kindern hier Mitbestimmungsmöglichkeit zu schaffen, stellt sich herausfordernder dar, weil externe Personen daran beteiligt sind und die Beteiligungsmöglichkeiten von Kindern außerhalb der Kita häufig nicht auf Klein- und Kleinstkinder zugeschnitten sind. In Beteiligungsgremien, wie dem kommunalen Kinder- und Jugendparlament, ist die Mitwirkung von Kindern im Kitaalter überhaupt nicht vorgesehen und wird vielfach auch kritisch gesehen. Dabei ist die Mitwirkung auch von Kindern jüngeren Alters seit dem Jahr 2012 im Kinderschutzgesetz rechtlich verankert. Die Fachkräfte müssen für die Kinder somit Engagementmöglichkeiten in der Öffentlichkeit schaffen und Kinder bei der Wahrnehmung dieser unterstützen. Kinder und ihre Aktivitäten müssen sichtbar im kommunalen Raum sein, die Gesellschaft muss noch stärker wahrnehmen, dass Kinder auch – und das impliziert auch junge Kinder – mitentscheiden und mithandeln können (Hansen/Kanuer 2015, S. 148f.).

Reflexionsfragen für das Team

- Was bedeutet Partizipation für uns?
- Welche Vorerfahrungen bringe ich mit?
- Welches Bild vom Kind, welche Haltung in Bezug auf Partizipation habe ich?
- Was ist mein Verständnis von Demokratie?
- Welche Ängste und Hoffnungen verbinde ich damit?
- Wird Partizipation in unserem Haus gelebt?
- Traue ich allen Kindern zu, Lösungen für ihre Probleme zu finden?
- Halte ich es aus, den Kindern keine Lösungsvorschläge zu machen?
- Halte ich Auseinandersetzungen zwischen Kindern aus oder greife ich ein, bevor es zum Streit kommt?
- Höre ich wirklich zu und frage, ohne den Kindern die Antwort schon in den Mund zu legen?
- Lasse ich zu, dass die Kinder die Strukturen in der Gruppe verändern? Wenn ja, zum Beispiel:
  - Wo sind meine Grenzen?
  - Gibt es festgelegte Formen der Beteiligung in meiner Gruppe? Welche?
  - Gibt es festgelegte Entscheidungsrechte der Kinder in der Gruppe? Welche?
  - Wissen die Kinder über ihre Entscheidungsrechte Bescheid?

(Schönfeld 2020, S. 44)

Wenn Kinder beginnen, sich in einer öffentlichen Gemeinschaft, wie der Kindertageseinrichtung zu orientieren, ist dies der Beginn der politischen Bildung von Kindern. In diesem, meist ersten öffentlichen, Rahmen den die Kinder besuchen, erfahren sie, wie Menschen einen gemeinsamen Alltag gestalten und welche Regeln und Rechte es in dieser Gemeinschaft gibt. In der Kindertageseinrichtung bildet sich die Gesellschaft im Kleinen ab. Abhängig von der pädagogischen Einstellung der dort tätigen Fachkräfte, erleben die Kinder mehr oder weniger Partizipations- und Engagementmöglichkeiten. Je mehr Möglichkeiten der Mitbestimmung den Kindern bereits hier gegeben werden, desto mehr erfahren die Kinder, dass sie selbst etwas bewirken können und Teil dieser öffentlichen Gemeinschaft sind. Das wiederum fördert die Motivation, sich kommenden Herausforderungen zu stellen und sich engagiert mit diesen auseinanderzusetzen. Möchte man also das gesellschaftliche Engagement von Kindern im Sozialraum fördern, so muss man bereits im Sozialraum Kindertageseinrichtung damit beginnen, den Kindern erste Engagementerfahrungen zu ermöglichen und ihnen Mitbestimmung zuzugestehen. Sie lernen somit, dass ihr Engagement und ihre Meinung einen Wert haben und mit Auswirkungen verbunden sind. Ausgehend davon sollten ihnen weitere Engagementerfahrungen im Sozialraum ermöglicht werden. Über regelmäßige Ausflüge in den Nahraum der Kita lernen die Kinder den Sozialraum, die Institutionen und die Akteure kennen.

Ein wesentlicher Aspekt ist, dass gesellschaftliches Engagement freiwillig sowie mitverantwortlich erfolgt. Grundsätzlich ist davon auszugehen, dass Kinder sich gerne engagieren, weil sie Teil der Gemeinschaft sein möchten und über Engagement ihre eigenen Interessen durchsetzen und verfolgen können. Mitentscheiden und Mithandeln sind im „demokratischen gesellschaftlichen Engagement untrennbar miteinander verbunden“ und die Fachkräfte müssen durch die Etablierung von partizipativen Strukturen dies ermöglichen. Dann ist auch grundsätzlich davon auszugehen, dass, wenn man Kinder angemessen bei der Wahrnehmung ihrer Rechte unterstützt, sie sich mit hoher Wahrscheinlichkeit auch entsprechend engagieren (vgl. Hansen/Kanuer 2015, S.20f./34ff.).

Eine demokratische politische Bildung in Kindertageseinrichtungen wird den Kindern ermöglicht, wenn sie:

- ihre eigenen Interessen wahrnehmen können, dabei auf die unterschiedlichen Interessen der anderen treffen und bei Interessenkonflikten gemeinsam Lösungen finden müssen,
- sich in der Gemeinschaft für die Gemeinschaft engagieren können und sich dabei als deren wichtiges Mitglied erfahren, zu deren Wohlergehen sie beitragen und deren Gestaltung sie beeinflussen können,
- ihre Rechte kennen, weil diese in der Kita transparent geregelt sind und es strukturell verankerte Verfahren gibt, mittels derer sie ihre Rechte wahrnehmen können. (Hansen/Kanuer 2015, S. 76f.)

Wird Kindern Engagement im Sozialraum Kita ermöglicht, können sie diese Erfahrungen auch souverän in weiteren Sozialräumen, z. B. im kommunalen Raum, einsetzen. Das bedeutet, die Fachkräfte müssen den Kindern zugestehen und zumuten, Verantwortung für sich selbst zu übernehmen und diesen Prozess entsprechend begleiten.

7.3.2 Beteiligungs- und Engagementprojekte

Das Engagement der Kinder im Sozialraum vollzieht sich in Kindertageseinrichtungen häufig in Form von Projekten, z. B. bei der Beteiligung an einem Stadtteilfest, bei der Planung und Gestaltung eines öffentlichen Spielplatzes oder bei gemeinsamen Aktionen mit dem Seniorenheim. Ebensolche Beteiligungs- und Engagementprojekte können die pädagogischen Fachkräfte gut methodisch planen und vorbereiten sowie vorab klären, wobei und in welchem Umfang Kindern Mitbestimmung zugestanden werden kann. Beteiligungs- und Engagementprojekte vollziehen sich in sechs Phasen (vgl. Hansen/Knauer/Sturzenhecker 2011, S. 293ff.):

1. **Thema finden:** Themen können auf verschiedene Weise gefunden werden (siehe Abb. 15).
2. **Ziele formulieren:** Was soll konkret erreicht werden? Welches Produkt/Ergebnis soll am Ende des Projektes erzielt worden sein?
3. **Projektschritte identifizieren und ordnen:** Was muss alles entschieden und gemacht werden, damit das Projektziel erreicht wird? In welcher Reihenfolge wird das erfolgen?
4. **Klären, wer jeweils entscheidet und handelt:** Nur die Fachkräfte? Fachkräfte und Kinder gemeinsam? Die Kinder alleine? Hierbei geht es darum, die Entscheidungs- und Handlungsmacht angemessen und verbindlich zu verteilen. Es kann durchaus sinnvoll sein, dass die Fachkräfte gewisse Schritte eigenständig entscheiden. Um das Projekt demokratisch zu gestalten, müssen die Kinder aber auch Schritte gemeinsam mit den Fachkräften oder alleine entscheiden können.
5. **Die Meinungsbildung methodisch gestalten:** Was brauchen die Kinder, um den Projektschritt zu verstehen und um ggf. entscheiden und handeln zu können? Und wie wird ihnen das methodisch vermittelt?
6. **Das Entscheiden und Handeln methodisch gestalten:** Wer muss mitwirken bzw. welche (Entscheidungs-)Gremien werden benötigt? Und welches (Entscheidungs-)Verfahren soll ggf. angewandt bzw. welches Zwischenergebnis soll am Ende dieses Projektschrittes erreicht sein?

Über die Inhalte der einzelnen Phasen müssen die Kinder informiert werden.

Um Engagementthemen im Sozialraum zu finden, ist es hilfreich, sich als Fachkräfte folgende Fragen zu stellen:

- Welchen Tätigkeiten gehen Sie ohne Kinder außerhalb der Kindertageseinrichtung nach? Bei welchen dieser Tätigkeiten könnten Sie die Kinder beteiligen und einbeziehen?
- Welche Anlässe bieten sich Ihnen und den Kindern bei Ausflügen, sich einzumischen und zu engagieren? (Hansen/ Knauer 2017, S.151)
- Welche Anlässe bietet der Sozialraum, Kinder aktiver einzubeziehen?

Die Engagementthemen können von den Kindern *bottom up* eingebracht werden, dann müssen sie von den pädagogischen Fachkräften wahr- und aufgenommen werden. Die Themen können *aus der Mitte heraus* eingebracht werden, d. h., die Themen entstehen gemeinsam im Alltag zwischen Fachkräften und Kindern, oder sie werden *top down* von den Fachkräften an die Kinder herangetragen (vgl. Hansen/Knauer 2017, S. 27).

Abbildung 15 Engagementthemen (Hansen/Knauer 2017, S. 27)

Für Kinder bedeutet sich zu engagieren, dabei zu sein und etwas Spannendes zu tun, es bedeutet mitmachen und mitgestalten zu dürfen. Der Begriff „gesellschaftliches Engagement“ umfasst ein breites Spektrum an unterschiedlichen Tätigkeiten:

> „Wer sich gesellschaftlich engagiert, kümmert sich beispielsweise um Hilfsbedürftige oder um Missstände, ergreift das Wort für jemanden oder protestiert gegen etwas, sorgt für Veränderungen oder kämpft für den Erhalt von etwas, sammelt Spenden und Unterstützer oder legt selbst Hand an.“ (Hansen/Knauer 2017, S. 17)

Die Kinder setzen sich im Sinne ihres gesellschaftlichen Engagements somit für ein Thema oder ihre eigenen Interessen ein. Wenn die Kindertageseinrichtung sich regelmäßig mit den Kindern im Sozialraum bewegt, dann werden ihnen die Gegebenheiten des Sozialraumes und Abläufe bekannt, das ist eine Grundvoraussetzung, um sich im Sozialraum engagieren zu können.

Beispiel: Spielplatzgestaltung

Situation: Aufgrund der innerstädtischen Lage Ihrer Kindertageseinrichtung, haben sie als Außenspielmöglichkeit für die Kinder nur einen kleinen Innenhof zur Verfügung. Daher besuchen Sie mit den Kindern immer einen nahegelegenen öffentlichen Spielplatz. Die Kinder bemängeln die dortigen Spielgeräte. Einige seien kaputt und vor allem fehlt den Kindern eine Möglichkeit zum Klettern.

Frage: Was können Sie mit den Kindern tun, damit auf dem nahegelegenen Spielplatz entsprechende Spielgeräte und Möglichkeiten zum Klettern zur Verfügung stehen?

Anregungen:

- Fragen Sie die Kinder, ob sie Lust haben, mit Ihnen gemeinsam den Spielplatz zu erkunden. Nehmen Sie einen Fotoapparat oder ein Handy mit Kamera mit und lassen Sie die Kinder fotografieren, was ihnen gefällt und was nicht.

- Überlegen Sie im Anschluss gemeinsam mit den Kindern, wem sie die Fotos und ihre damit verbundenen Wünsche zeigen könnten. Wer könnte Auskunft über den Spielplatz geben? Ggf. die Spielplatzpflege aus dem städtischen Straßen- und Grünflächenamt.
- Beraten Sie mit den Kindern, wie Sie Kontakt aufnehmen möchten (Mail, Brief, Anruf) und laden Sie einen entsprechenden Ansprechpartner ggf. in die Kita ein.

(in Anlehnung an Leitner 2018)

Ein gutes Beispiel, um mit Kindern die Partizipationsmöglichkeiten im Sozialraum zu thematisieren, ist die Bilderbuchgeschichte „Leon und Jelena: Die Hundehaufen im Park“ von Rüdiger Hansen und Raingard Knauer (2014). Das Buch ist in einer Reihe erschienen, in der es um Mitbestimmung und Mithandeln in der Kita geht. Die Kinder Leon und Jelena gehen in eine Kindertageseinrichtung und engagieren sich gerne gemeinsam mit den anderen Kindern und ihrer Erzieherin Anja.

Inhalt: *Als die blaue Gruppe auf der Wiese im Park spielen will, finden die Kinder überall Hundehaufen. Sie basteln Schilder und markieren die Hundehaufen im hohen Gras, um sie den Hundebesitzern zu zeigen und sie zu bitten, die Haufen wegzumachen. Doch eine alte Dame wendet ein, es gäbe im Park keinen Hundetüten-Automaten. Die Kinder sind ratlos. Aber die Erzieherin Anja schlägt vor, die Bürgermeisterin anzurufen und um Hilfe zu bitten. Die Kinder beschließen, dass Jelena dort anrufen soll. Die Bürgermeisterin lässt schließlich einen Automaten aufstellen, und die Kinder übernehmen die Patenschaft dafür und achten künftig darauf, dass darin immer genügend Tüten vorhanden sind.*

In dieser Buchreihe zeigen die Autor:innen praxisnah und kindgerecht, wie die Hauptprotagonist:innen Leon und Jelena gesellschaftliches Engagement frühzeitig erleben und an sie betreffenden Themen partizipieren und lernen, dass ihre Meinung Gewicht hat und Veränderungen möglich sind. Im Rahmen dieser Geschichte setzen die Kinder sich im Sozialraum für ein – nicht nur sie betreffendes – Thema ein, sie haben dafür Kontakt zu öffentlichen kommunalen Entscheidungsträger:innen und erfahren ihren Nahraum als mitgestaltbar.

Kinderbuchhinweis zum Thema Mitentscheiden und Mithandeln im Sozialraum: Hansen, Rüdiger/Knauer, Raingard (2014): Leon und Jelena. Die Hundehaufen im Park. Gütersloh: Verlag Bertelsmann Stiftung.

Welchen Mehrwert hat also die Schaffung von partizipativen Engagement- und Beteiligungsmöglichkeiten von Kindern im Sozialraum? Die Kindertageseinrichtung ist nur ein Teil der Lebenswelt der Kinder und sie erleben, dass sie Teil des

Sozialraumes sind und sie mit ihrer Meinung und ihren Wünschen ernst genommen werden und sie sich selbst aktiv als Gestalter:innen einbringen können. Als pädagogische Fachkraft einer Kita den Lebensraum der Kinder gut zu kennen, erleichtert zudem die Kommunikation mit den Eltern, sowie die Vernetzung im Sozialraum mit anderen Institutionen (vgl. Leitner 2018, S. 34). Wenn Kindern ermöglicht wird, sich im Sozialraum der Kita zu engagieren, benötigen sie eine intensive Unterstützung vonseiten der Fachkräfte, da diese die Kinder auf die neuen, ihnen ggf. unbekannten Situationen vorbereiten und ggf. Absprachen mit anderen Erwachsenen oder kommunalen Entscheidungsträgern treffen müssen. Ebenso müssen sie dafür einstehen, dass den Kindern angemessene aktive Handlungsmöglichkeiten geboten werden (vgl. Hansen/Knauer 2017, S. 17).

Hinweis: Drei Merkmale umfasst gesellschaftliches Engagement:

1. Es findet in der Öffentlichkeit der Gemeinschaft statt.
2. Es findet statt bei Aufgaben und Herausforderungen, die das Leben der Gemeinschaft betreffen.
3. Es erfolgt freiwillig und (mit)verantwortlich.

(vgl. Hansen/Knauer 2017)

---

8 Praktische Methoden der Sozialraumarbeit

Im Folgenden werden verschiedene praxisnahe Methoden der Sozialraumarbeit vorgestellt.

8.1 Sozialraumanalyse

Eine Analyse des Sozialraums befähigt Fachkräfte, sich fokussiert und systematisch Daten und Informationen über die Gegebenheiten in ihrem Sozialraum zu verschaffen und den Sozialraum aus der Perspektive der Nutzer:innen zu betrachten. So gewinnt man einen Blick darauf, wie die eigene Einrichtung und ihre Angebote im Nahraum verortet sind. Die Sozialraumanalyse ist ein Ansatz, Lebensräume möglichst realitätsgetreu und wirklichkeitsnah abzubilden.

Sozialraumanalyse bedeutet:
- Eine reflektierte Bestandsaufnahme der institutionellen Angebote im Sozialraum.
- Geografische und zielgruppenspezifische Verortung der eigenen Einrichtung im Sozialraum unter Einbeziehung der Außensicht.
- Einbeziehung sozialstruktureller Daten.
- Durchführung von Methoden der Sozialraumanalyse zusammen mit Kindern.

8.2 Sozialraumerkundung mit Kindern

Die Sozialraumerkundung oder auch Sozialraumbegehung mit Kindern ist eine zentrale Methode der sozialräumlichen Arbeit von Kindertageseinrichtungen. Bei dieser Methode werden die Kinder zu den Expert:innen ihrer Lebenswelt und stellen den Fachkräften ihren Sozialraum vor. Die Fachkräfte erhalten hierbei einen intensiven Einblick in die lebensweltliche Sicht der Kinder. Sie erfahren, welche Bedeutung bestimmte Orte und Plätze für Kinder haben (vgl. Schneider/Pohlmann 2020, S. 12).

Jedes Kind hat bei der Wahrnehmung von Sozialräumen andere Erlebnisse und Erfahrungen, die es beschäftigen und die es in die Kita mitbringt und es hat eigene Ausdrucksweisen, mit denen es seine Lebenswelt, seinen Sozialraum beschreibt:

- Sofie erzählt von dem Umzug in eine neue Straße.
- Jakob malt in bunten Farben das Silvesterfeuerwerk.
- Hatice spielt mit Puppen den Besuch des Opas nach.
- Niklas wiederholt immer wieder das Wort „Bagger" und meint damit die Baustelle in seiner Nachbarschaft.
- Amelie baut mit Steinen den neuen Spielplatz nach.
(Schneider 2015)

Pädagogische Fachkräfte können die Themen aufgreifen und eine aktive Auseinandersetzung mit der Lebenswelt, dem Sozialraum, mit der Wohn-, Lebens- und Erfahrungswelt des Kindes fördern, unterstützen und damit Bildungsprozesse begünstigen. Für diese Methode bedarf es keiner langen Vorbereitungszeit. Bei der Vorbereitung wird lediglich ein konkreter Themenbereich für die Stadtteilerkundung partizipativ mit den Kindern festgelegt, z. B. bestimmte Plätze, Spielplätze, Wege. Davon ausgehend werden gemeinsam Fragen entwickelt, z. B.

- Welche Wege und Plätze kennt ihr?
- Wann ist im Stadtteil am meisten los, wann am wenigsten?
- Wo sind geheimnisvolle Orte?
- Welche Orte machen uns Angst?

Die Fachkräfte sollten die Wege vorab alleine begehen, um sich ein Bild davon zu verschaffen. Jedoch sollten noch keine Schlüsse gezogen werden, um die notwendige Offenheit nicht zu verlieren. Bei der Begehung sollten die Kinder den Weg vorgeben und die Fachkräfte die Auseinandersetzung mit dem Sozialraum durch gezielte Fragestellungen fördern.

Bei der Durchführung werden die Ergebnisse und Aussagen der Kinder dokumentiert (per Ton oder Video), durch Markierungen in einem Stadtplan und – wichtig – durch eine anschließende Dokumentation der Kinder mit gemalten oder gebastelten Bildern. Die Ergebnisse der Erkundung sollten dann in den anschließenden Tagen durch Erzählungen, Spiele, Malen etc. in der Kita besprochen und aufgearbeitet werden. Auf einem großen Stadtplan können bedeutsame Orte mit Fotos und Erzählungen versehen werden. Diese Ergebnisse können dann auch den Eltern oder/und der Öffentlichkeit, z. B. durch eine Wanddokumentation, sichtbar gemacht werden. Die Methode der Sozialraumerkundung kann z. B. als jährliche Bedarfsanalyse mit den Vorschulkindern fest etabliert werden in der Kita, außerdem eignet sich die Methode, um bestimmte Kooperationsprojekte mit anderen Institutionen zu initiieren, beispielsweise der Grundschule (vgl. Schneider/Pohlmann 2020, S. 14).

Bogen zur Analyse des Sozialraums

Bebauung

Wo stehen Hochhäuser, Reihenhäuser, Einfamilienhäuser?

Sind sie alt, neu, gepflegt?

Wo sind Durchgangsstraßen, Nebenstraßen, verkehrsberuhigte Bereiche?

Wo bestimmen parkende Autos die Straßen?

Gibt es Grünanlagen?

Gibt es Gehwege, Radwege, besondere Gefahrenstellen?

Wie ist der öffentliche Nahverkehr?

Wo sind Geschäfte, Schulen, Freizeiteinrichtungen, Spielplätze usw.?

Bevölkerungsstruktur

Wie viele Einwohner:innen wohnen im Sozialraum?

Wie ist die Altersstruktur der Bewohner:innen?

Wie viele Kinder leben dort?

Wie viele Menschen mit Migrationshintergrund wohnen im Sozialraum?

Wie groß sind die Haushalte?

Wie viele Empfänger von Hilfen zum Lebensunterhalt wohnen dort schätzungsweise?

Einrichtungen/Institutionen

Welche Schulen und Kindertageseinrichtungen gibt es?

Gibt es Jugendeinrichtungen, Beratungsstellen, Pflegewohnheime, Wohnheime für Menschen mit Behinderung?

Gibt es öffentliche Einrichtungen wie z. B. Bibliotheken, Polizei, Krankenhäuser, Hochschulen etc.?

Gibt es Kooperationen zwischen Einrichtungen im Stadtteil?

Allgemeine Informationen

Ist die Bevölkerung eher einheitlich oder bunt zusammengewürfelt?

Wo arbeiten die Menschen die dort wohnen? Gibt es viele Pendler:innen?

Was weiß man über die Berufstätigkeit der Frauen, der Mütter?

Gibt es Vereine im Sozialraum?

Welche politischen oder sozialen Gruppen gibt es im Sozialraum?

Sonstige Informationen:

Hinweis: Bei der Sozialraumerkundung mit Kindern geht es um die Ergründung der Sichtweisen der Kinder.

Mit der Brille der Kinder den Sozialraum kennen zu lernen ist wesentlich, um ihre Handlungsweise besser zu verstehen und mit ihnen gemeinsam zu „passenden" Ansätzen und Angeboten zu kommen, die ihren Erfahrungshorizont erweitern, indem sie neue Erfahrungen durch eigenes Handeln ermöglichen.

8.3 Die Nadelmethode

Die Nadelmethode ist eine aktivierende Methode zur Visualisierung von bestimmten Orten und Plätzen, die eine Relevanz für die Kinder haben (z. B. Spielplatz, Park, Straßenzüge). Im Rahmen der Nadelmethode markieren die Kinder, z. B. mittels Stecknadeln, auf einer großen Karte für sie relevante Orte. Wenn ausgehend von bestimmten Kriterien, wie z. B. Geschlecht oder Alter, verschiedenfarbige Nadeln genutzt werden, können differenziertere Aussagen bezüglich bestimmter Präferenzen getroffen werden (z. B. die Vorschulkinder präferieren den Kirchvorplatz als Spielraum, während die Vierjährigen den Spielplatz bevorzugen).

Relevant ist, dass man mit den Kindern die Methode ausgehend von einer konkreten Fragestellung anwendet, wie z. B.:

- Wo haltet ihr euch gerne auf?
- Welche Orte sind euch unheimlich?

Abbildung 16 Nadelmethode (Deinet et. al 2018)

Durch die Methode lassen sich die Kinder motivieren, bestimmte Orte im Sozialraum zu markieren. Die Kinder nehmen aktiv daran teil und setzen sich mit ihrem Sozialraum auseinander. Über das Markieren oder Präferieren, auch von angstbesetzten Räumen, kann ein intensiver Austausch entstehen. Diese Methode lässt sich auch gut in regelmäßigen Abständen wiederholen, um zu schauen, ob Veränderungen in der Wahrnehmung stattfinden.

Außerdem ist die Methode leicht umzusetzen und benötigt wenig Ressourcen. Sie kann auch im Rahmen der Elternarbeit oder im Team angewandt werden, um auch auf der Erwachsenenebene zu schauen, welche Orte Erwachsene (Fachkräfte und Eltern) als relevant ansehen und welche für die Kinder eine besondere Bedeutung haben (vgl. Deinet et. al 2018).

Mit der Nadelmethode kann man sich einen guten Überblick über die Bedeutung von Orten für Kinder verschaffen, jedoch gibt die Methode keinen Hinweis auf die Qualität einzelner Orte.

Hinweis: Die Nadelmethode kann sehr gut als Einstiegsmethode genutzt werden, z. B. für eine anschließende strukturierte Stadtteilbegehung gemeinsam mit den Kindern.

8.4 Autofotografie

Mit älteren Kindern in der Kita, die bereits einen Fotoapparat, ein Tablet o. Ä. bedienen können, bietet sich als sozialräumliche Methode die „Autofotografie“ an. Hierbei fotografieren die Kinder eigenständig von ihnen ausgewählte Orte im Sozialraum. Im Anschluss daran kommentieren, erläutern und interpretieren die Kinder diese Fotos. Mittels der Autofotografie werden subjektive Eindrücke und Bewertungen von Orten/Plätzen im Nahraum deutlich. Die Fachkräfte erleben den Nahraum so „durch die Augen der Kinder“.

Ausgangspunkt für die Methode kann auch eine konkrete Fragestellung sein, die die Kinder mit der Autofotografie beantworten sollen, z. B.:

- Das gefällt mir, dass ist ein Ort, den ich mag!
- Das gefällt mir nicht!
- Hier halte ich mich gerne auf!

Mit der anschließenden Fragestellung: Warum hast du das fotografiert?/Was machst du da?

Abbildung 17 Autofotografie (Deinet et al. 2018)

Es entsteht eine Fotosammlung von für die Kinder bedeutsamen Plätzen oder auch jenen, die als weniger schön empfunden werden (z. B. der überfüllte Mülleimer, die Hundewiese mit Hundehaufen), über diese kann man in einen intensiven Austausch kommen. Die Kinder werden so zu Experten ihres eigenen Sozialraumes, und auch Kinder mit Sprachbarrieren können gleichermaßen an der Methode partizipieren.

8.5 Subjektive Landkarte

Bei der Methode der „Subjektiven Landkarte" malen und zeichnen die Kinder eigenständig ihren Nahraum. Kinder werden so motiviert, sich mit ihrem eigenen Lebens- und Sozialraum auseinanderzusetzen. Die Kinder sollen in dieser subjektiven Landkarte für sich bedeutsame Orte und Räume markieren. Hierbei sollen nicht nur positiv konnotierte Räume berücksichtigt werden (z. B. der Weg zur Kita, der Spielplatz), sondern ggf. auch negative (z. B. die gefährliche Straßenkreuzung). Die Lebensräume, auch über den Sozialraum Kita hinaus, werden so deutlich.

Abbildung 18 Subjektive Landkarte (Deinet/Krisch 2009)

Im Anschluss an diese Methode kann eine Stadtteilbegehung mit den Kindern folgen, um die bedeutsamen Räume aktiv aufzusuchen. Die tatsächlichen Entfernungen spielen bei der Anwendung dieser Methode keine Rolle, vielmehr entstehen hierbei sogenannte „Inselbilder", die einzelne bedeutsame Orte und Räume von Kindern aufzeigen. Im Anschluss können die Kinder dazu motiviert werden, in der Kindergruppe ihre subjektiven Landkarten vorzustellen, hierbei können auch die Landkarten der Kinder verglichen werden, um ggf. zu schauen, welche Räume für mehrere Kinder angstbesetzt oder relevant sind (vgl. Deinet/Krisch 2009).

8.6 Institutionenbefragung

Im Rahmen der Institutionenbefragung werden Institutionen aus dem Sozialraum mit einem strukturierten Interviewleitfaden befragt. Bei der Auswahl von Expert:innen aus dem Sozialraum sollte darauf geachtet werden, wer einen interessanten Blickwinkel und ein interessantes Thema in Bezug auf die Zielgruppe der Kinder hat. Befragt werden könnte z. B.:

- die Familienbildungsstätte
- der Sportverein
- die Kirchengemeinde

Mit dieser Methode erhält man eine Einschätzung über die Stärken und Schwächen des Sozialraums aus dem Blickwinkel der befragten Institution in Bezug auf Kinder. Über eine solche Befragung können neue Netzwerke entstehen und Angebotsdefizite für die Zielgruppe aufgedeckt werden.

Hinweis: Das Ziel der Institutionenbefragung ist es, Meinungen der Fachleute aus dem Sozialraum über die Stärken und Schwächen der sozialen und sozialräumlichen Infrastruktur des Stadtteils zu sammeln.

Für das Interview sollte vorab ein Termin für ein Zeitfenster von etwa einer Stunde vereinbart werden, in dessen Rahmen offene Fragen gestellt werden, die sich auf die Infrastruktur des Sozialraumes, eventuelle Problemstellungen und die Einschätzung auf die Situation von Kindern im Sozialraum beziehen. Aufschluss kann die Befragung auch darüber geben, inwiefern die Institution mit anderen vernetzt ist und wie sie die Qualität der Angebote der anderen Institution für Kinder einschätzt. Demgegenüber sollte Raum gegeben werden, auch eigene Themen miteinbringen zu können. Unterstützend kann in dem Interview ein Stadtplan sein, um detaillierter über bestimmte Stadtteilausschnitte zu sprechen (vgl. Schneider/ Pohlamm 2020, 20f.).

Werden mehrere Institutionenbefragungen durchgeführt (was ratsam ist), so kann im Anschluss ein Institutionenraster erstellt werden. Dieses Raster kann immer weiter ergänzt werden.

Name der Institution	Funktion	Einschätzung der Stärken des Sozialraumes	Einschätzung der Schwächen des Sozialraumes
Familienbildungsstätte			
Sportverein			
Beratungsstelle			
.....			

Grundsätzlich kann die Befragung auch in Form einer Begehung stattfinden, sodass man quasi direkt vor Ort ins Gespräch kommt.

8.7 Das Patenprojekt

Eine Methode, neue Familien in die Kita aktiv einzubeziehen, ist das Patenprojekt. Hierbei wird jeder neuen Familie in der Kindertageseinrichtung eine „Patenfamilie" zugeordnet. Diese Zuordnung kann der Elternbeirat übernehmen. Die neue Familie wird mit einem Willkommenspaket begrüßt, in dem sich die Konzeption der Kita befindet, ebenso wie ein Willkommensbild, das die Kita-Kinder für das neue Kind gestaltet haben, ein Stadtplan für Kinder, eine Liste mit Ansprechpartner:innen aus dem Stadtteil sowie eine kleine Spielsache für das Kind. Dieses Paket wird von der Patenfamilie überreicht. Die Paten stehen der neuen Familie dann bei Fragen zur Verfügung und geben unterstützende Tipps über den Sozialraum, z. B. über mögliche Freizeitaktivitäten und Angebote für Familien (vgl. Schneider 2015, S. 82).

8.8 Das Politiker:innen-Gespräch

Das Politiker:innen-Gespräch ist eine interessante Methode, um mit Politiker:innen aus dem Sozialraum ins Gespräch zu kommen. Hierbei lädt die Kindertageseinrichtung regelmäßig einzelne lokale Politiker:innen ein, damit diese mit den Kindern Themen, die die Kindertageseinrichtung betreffen, besprechen. Die Gespräche müssen vorab in der Kita mit den Kindern vorbereitet werden, z. B. mittels folgender Fragestellungen:

- Was ist Politik?
- Welche Interessen haben Kinder?
- Welche Wünsche, Ideen und Ärgernisse sehen die Kinder im Sozialraum?

Was können wir der Politik mitteilen?/Was können wir vereinbaren? (Schneider 2015, S. 83)

Die Kinder können auch mit einer konkreten Fragestellung oder einem Thema an die Politiker:innen herantreten, z. B.:

- Um unsere Kita herum liegt viel Müll, was kann man dagegen tun?
- Wir benötigen im Umkreis unserer Kita mehr Fahrradständer, um unsere Fahrzeuge anzuschließen, kann man neue Fahrradständer aufstellen?
- Kann man die Umgebung der Kita mehr begrünen, können wir z. B. Pate einer Pflanzeninsel werden?
- Wir haben Ideen/Wünsche für den Bau eines neuen Spielplatzes und würden Ihnen diese gerne mitteilen.

In einer gemeinsamen Gesprächsrunde stehen die Poltiker:innen den Kindern in der Kindertageseinrichtung dann Rede und Antwort.

Hinweis: Die Methode des Politiker:innen-Gesprächs ist partizipativ und fördert die Demokratiebildung von Kindern.

Führt man diese Methode weiter, kann daraus auch eine „Stadtteilkonferenz“ entstehen. Hierbei werden weitere relevante Personen aus dem Sozialraum (Politiker:innen, Stadtverwaltung, Trägervertreter:innen, Erziehungsberatungsstelle, Vereinsvertreter:innen etc.) zu einem bestimmten Thema in die Kindertageseinrichtung eingeladen (z. B. Gestaltung der Spielflächen für Kinder). In der Vorbereitung stellen die Kinder ihre Wünsche und Anliegen zu dem Thema anschaulich dar, z. B. durch Fotos, Bilder und stellen diese in der Konferenz vor. Dort werden dann gemeinsam Ideen und Möglichkeiten entwickelt. Die Ideen können an die Lokalpresse weitergegeben werden. Eine solche Stadtteilkonferenz kann ebenfalls regelmäßig wiederholt werden.

8.9 Das Bewegungsinterview

Das Bewegungsinterview ist eine aktivierende und für die Kinder sehr motivierende Methode, mit hoher Beteiligungsmöglichkeit. Angelehnt an das Kinderspiel „Eins, Zwei oder Drei“ werden den Kindern Fragen gestellt und sie hüpfen, während Musik läuft, auf eins der drei entsprechenden Antwortfelder. Stoppt die Musik, müssen sie stehen bleiben. Anschließend geht die Fachkraft in den Dialog mit den Kindern und erfragt die Begründungen der Kinder, weshalb sie sich diesem oder jenem Feld zugeordnet haben. Hierbei können interessante Antworten zu Leitfragen zum Sozialraum generiert werden (vgl. Schneider/Pohlmann 2020, S. 6).

Mögliche Fragen können sein:

- **Diese Stelle empfinde ich als gefährlich im Sozialraum:**
  A: die große Kreuzung vor dem Supermarkt
  B: den dunklen Bahnübergang
  C: die Straße ohne Bürgersteig

- **Hier halte ich mich gerne auf:**
  A: auf dem Spielplatz
  B: im Park
  C: auf dem Kirchvorplatz

- **Das stört mich im Sozialraum:**
  A: Müll auf den Wegen
  B: die parkenden Autos
  C: die Hundehaufen vor der Kita

Hinweis: Die Methode des Bewegungsinterview hat einen hohen Spaßcharakter und kann mit Kindern aller Altersklassen durchgeführt werden.

Ergänzt werden kann diese durch weitere kreative Methoden (in Anlehnung an Schneider/Pohlmann 2020, S. 7), wie z. B.:

- das Malen eines *kollektiven Gemäldes* zur Frage: „Was ist mir am wichtigsten an meinem Wohnort?“
- durch die Entwicklung eines *Fotostadtplans*, bei dem wichtige Orte auf Fotos vergrößert dargestellt und im Raum platziert werden, findet quasi eine Nachbildung des Stadtteils dar. Die Kinder stellen sich ausgehend von Fragestellungen (das mag ich im Stadtteil/das finde ich nicht schön im Stadtteil/hier habe ich Angst etc.) zu einem vergrößerten Foto und begründen ihre Entscheidung. Diese Aussagen werden von den Fachkräften dokumentiert. Die Plätze/Orte/Einrichtungen können auch mittels Punkte bewertet werden. Außerdem kann diese Methode ergänzend zur Methode „Zeitbudget“ angewandt werden.
- Eine Methode zur Erfassung der Verbesserungsvorschläge für Kinder ist die Methode „Das Meer der Wünsche und Träume“. Hierbei formulieren die Kinder Wünsche für ihren Sozialraum und legen diese im „Meer“ ab. Diese Ideen können von den Fachkräften für weitergehende Projekte genutzt werden.

8.10 Zeitbudgets

Eine Methode, die man eher mit älteren Kindern oder aber auch mit Eltern durchführen kann, ist die Methode „Zeitbudgets“. Im Rahmen dieser Methode soll herausgefunden werden, womit und wo Kinder ihre Zeit verbringen. Die Kinder, oder stellvertretend die Eltern, sollen in einen Zeitplan eintragen (z. B. mittels Piktogramme), wie viel Zeit für was in der Woche aufgewendet wird. Die Methode soll Aufschluss darüber geben, wie viel freiverfügbare Zeit Kinder haben und wo sie diese freiverfügbare Zeit im Sozialraum verbringen. Mittels dieser Methode lassen sich Aussagen über das Freizeitverhalten von Kindern treffen (vgl. Schneider/Pohlmann 2020, S. 10f.).

Die Abbildung 19 zeigt beispielhaft, wie man eine Zeitbudget-Tabelle mit Kindern ausfüllen kann. Man benötigt dafür verschiedene Piktogramme, die Aspekte aus dem Alltag der Kinder darstellen, d. h. Piktogramme, z. B. für Mahlzeiten, die Kita, Sportverein, Musikschule etc.

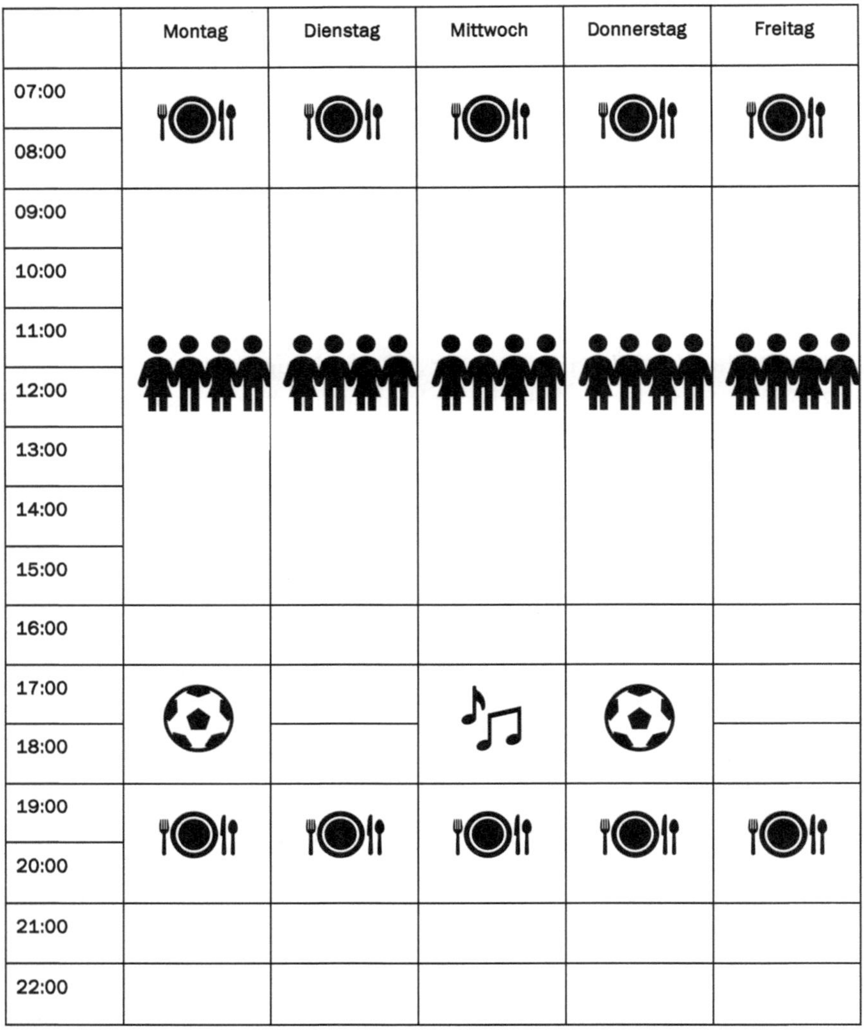

	Montag	Dienstag	Mittwoch	Donnerstag	Freitag
07:00					
08:00					
09:00					
10:00					
11:00					
12:00					
13:00					
14:00					
15:00					
16:00					
17:00					
18:00					
19:00					
20:00					
21:00					
22:00					

Abbildung 19 Zeitbudgets

9 Sozialraumorientierung gemeinsam mit dem Team umsetzen

Die Öffnung der Kindertageseinrichtung zum Sozialraum fordert das Team nochmal auf einer ganz anderen Ebene heraus als die pädagogische Arbeit am Kind oder die Zusammenarbeit mit den Eltern. Eine Öffnung zum Sozialraum beinhaltet eine Änderung der Haltung und setzt somit nicht nur äußere, sondern auch innere Prozesse in Gang. Im Gesamtteam muss sich intensiv mit den Grenzen und den Möglichkeiten des Einbezuges des Sozialraumes auseinandergesetzt werden. Es muss ein gemeinsamer Tenor über die Bedeutsamkeit des Einbezuges des Sozialraumes in die pädagogische Arbeit herrschen. Außerdem wird die eigene Arbeit auch nochmal auf einer ganz anderen Ebene transparent gemacht für den öffentlichen Raum.

9.1 Sozialräumliche Kompetenzen der frühpädagogischen Fachkraft

Neben den Kenntnissen, die die frühpädagogischen Fachkräfte für die Arbeit am Kind und für die Zusammenarbeit mit den Eltern erwerben, müssen sie darüber hinaus Anforderungen in der sozialräumlichen Arbeit erfüllen.

Folgende Anforderungen an die pädagogische Fachkraft zur Nutzung des Sozial- und Kulturraums werden von Leu, Schelle, Diller und Kalicki (2011, S. 96) definiert:

Die pädagogische Fachkraft

- kennt den Sozial- und Kulturraum rund um die Einrichtung.
- kennt die Aktivitäten im Sozial- und Kulturraum rund um die Einrichtung.
- weiß um die Bedeutung der Einbettung der pädagogischen Arbeit in den Sozial- und Kulturraum für Bildungs- und Lerngelegenheiten der Kinder.
- sucht den Sozial- und Kulturraum aktiv auf.
- identifiziert mögliche Kooperationen.
- prüft Angebote im Sozial- und Kulturraum und wählt sie gezielt und auf die Bedürfnisse der Kinder ausgerichtet aus.
- tauscht sich im Team über die Bildungs- und Lernmöglichkeiten im Sozial- und Kulturraum aus.
- kommuniziert mit Kooperationspartnern aus dem Sozial- und Kulturraum offen und auf „gleicher Augenhöhe“.

- tauscht sich im Team über die Bildungs- und Lernmöglichkeiten im Sozial- und Kulturraum aus.
- reflektiert die eigenen Vorlieben für soziale und kulturelle Angebote.
- reflektiert die eigene Einstellung und die eigenen Vorlieben und Vorbehalte gegenüber dem Sozialraum der Einrichtung.
- erkennt die Grenzen der eigenen pädagogischen Möglichkeiten an.

Um diesen umfassenden Anforderungen gerecht zu werden, müssen Wissenskompetenzen, personale Kompetenzen sowie methodisches Werkzeug erlangt werden, welches primär nicht in der Ausbildung erworben wird.

Über folgende *Wissenskompetenzen* muss die Fachkraft im Zuge dessen verfügen:
- Sie kennt die Angebote des Sozial- und Kulturraums, die das Bildungs- und Lernangebot der Einrichtung ergänzen oder erweitern können.
- Sie kennt Möglichkeiten und Formen der Vernetzung im Sozialraum.

Sowie optional dazu:
- Sie verfolgt die aktuelle Fachdiskussion über die Bedeutung der Sozialraumorientierung und Netzwerkarbeit.

Daran aufbauend sind folgende *Fertigkeiten* von Relevanz:
- Sie baut mit den im Sozial- und Kulturraum tätigen Personen einen professionellen Kontakt auf.
- Sie trifft konkrete Kooperationsvereinbarungen.

Sowie optional dazu:
- Sie liest und beurteilt Fachtexte zur Sozialraumorientierung und wendet ihr Wissen praxisorientiert an.
- Sie regt das Team zur Kontaktaufnahme mit Kooperationspartnern an.
- Sie unterstützt und berät die Zusammenarbeit der Kolleginnen und Kollegen mit Netzwerkpartnern.
- Sie vernetzt sich im Sozialraum mit möglichen Partnern, die eine pädagogische Arbeit in der Kindertageseinrichtung bereichern können.
- Sie engagiert sich in den Gremien des Sozial- und Kulturraums und repräsentiert dort die Einrichtung.
- Sie präsentiert die Bildungsarbeit der Einrichtung in den Gremien.

Im Zuge der *personalen Kompetenzen* und hier zunächst in der *Sozialkompetenz* sind folgende Aspekte von Bedeutung:
- Die pädagogische Fachkraft kommuniziert mit Kooperationspartnern aus dem Sozial- und Kulturraum offen und auf „gleicher Augenhöhe“.

- Sie macht die eigene Bildungsarbeit gegenüber externen Kooperationspartnern transparent.
- Sie beachtet spezifische Zielsetzungen und Interessen von Kooperationspartnern in der Zusammenarbeit angemessen.
- Sie bezieht die Eltern und Kinder in die Erweiterung der pädagogischen Arbeit auf Bildungs- und Lerngelegenheiten außerhalb der Kita ein.

Sowie darüber hinaus optional:
- Sie initiiert im Team fachliche Diskussionen über Möglichkeiten der Sozialraumorientierung und deren Bedeutung für die pädagogische Praxis.
- Sie reflektiert die Vernetzung der Einrichtung mit Akteuren im Sozialraum.

Ergänzt dazu ist die *Selbstkompetenz*:
- Sie reflektiert die eigenen Vorlieben und Vorbehalte gegenüber unterschiedlichen Kooperationspartnern von zentraler Bedeutung.

Im Zuge der Darstellung der Anforderungen und der Kompetenzen über die eine frühpädagogische Fachkraft verfügen muss, um die Arbeit in der Kindertageseinrichtung sozialräumlich auszurichten, wird deutlich, wie vielschichtig dieser Aufgabenbereich ist.

9.2 Rolle der Leitung im Prozess der Öffnung

Die Leitungskraft hat eine zentrale Rolle im System Kindertageseinrichtung. Auch im Zuge einer sozialräumlich ausgerichteten Arbeit kommt dieser Rolle eine besondere Bedeutung zu. Neben den Anforderungen und Kompetenzen, wie sie im vorausgegangenen Kapitel beschrieben wurden, hat die Leitungskraft noch weiterführende Aufgaben zu erfüllen. Die Leitungskraft benötigt vor allem ein Methodenrepertoire in Bezug auf die Bedarfsermittlung und Analyseverfahren, dem strategischen Aufbau und Planen einer sozialräumlich ausgerichteten Arbeit, sowie Kenntnisse über Kooperations- und Netzwerkstrategien.

Die Leitung übernimmt im Prozess der sozialräumlichen Ausrichtung der Kindertageseinrichtung die Rolle als Übersetzerin und „Vernetzungsarchitektin" (Knauer 2011, S. 12, zit. in Nolte 2014, S. 21). Die Leitung ist demnach Planer:in, Führende und sowie Begleiter:in des Gesamtprozesses der sozialräumlichen Öffnung. Nach Nolte (2014, S. 21) ist es Aufgabe der Leitung und des Trägers der Kindertageseinrichtung, „die Bedürfnisse der Familien, die Situation im Team und in der Gesamteinrichtung sowie die sich verändernden Bedingungen im Sozialraum zu reflektieren und neu zu fokussieren. Diese Perspektiven als Folien übereinander zu legen, Schnittmengen und Unterschiede zu erkennen und zu benennen und darauf aufbauende Weiterentwicklungen anzuschieben". Die Leitung hat somit eine ganz entscheidende Rolle in der Gestaltung von Veränderungsprozessen. Sie hat eine Vorbildfunktion und setzt Entwicklungen in Gang, indem sie die Ressourcen des Teams optimal nutzt.

Hinweis: Die Leitung kennt die Ressourcen ihrer Teammitglieder:innen und setzt diese optimal ein.

Die Leitung ist Sprachrohr und auch Vermittler:in zwischen Familien, Träger, Team und Akteur:innen des Sozialraumes. Sie bündelt die Interessen aller Beteiligten und setzt die verfügbaren Ressourcen sinnvoll ein.

- Als Teamleitung ist sie gefordert, die Mitarbeiter:innen durch den Prozess der Öffnung der Kindertageseinrichtung nach außen und bei Unsicherheiten zu begleiten, Widerstände auszuhalten und fachliche Herausforderungen zu unterstützen. Das Team muss aktiv mitgenommen werden in den Prozess der Öffnung, damit alle pädagogischen Fachkräfte auch die neuen Anforderungen, wie sie im vorangegangenen Kapitel beschrieben worden sind, bewältigen können. Dafür bedarf es eines regelmäßigen Austausches im Team und themenorientierte Fortbildungen. Eine externe Prozessbegleitung im Sinne einer Supervision oder pädagogischen Fachberatung kann für die Leitungskraft und das Team unterstützend wirken.
- Als Vertreter:in in den Sozialraum und gegenüber ihrem Träger übernimmt die Leitung die Rolle als Sprachrohr für die Familien. Sie setzt sich für die Belange und Bedarfe von Familien auf politischer Ebene ein. Sie wählt Kooperationspartner aus, um ausgehend von ihren Erfahrungen in der Kindertageseinrichtung Angebote entsprechend der Bedarfe gestalten zu können.
- Gegenüber den Eltern und Familien ist die Leitung Vermittler:in zwischen den Möglichkeiten und Rahmenbedingungen der Kindertageseinrichtung, sowie den Bedürfnissen der Eltern unter Berücksichtigung der pädagogischen Grundsätze und der Partizipation aller Beteiligten.

Die Kitaleitung übernimmt, begleitet und gestaltet die Teameinbindung, baut bedarfsorientierte Kooperationsnetzwerke auf und bezieht Eltern partizipativ mit in den Prozess der sozialräumlichen Öffnung ein. Hierbei bedient sie sich professioneller Methoden. Die Implementierung einer pädagogischen Arbeit, die sich am Sozialraum ausrichtet und diesen aktiv mit einbindet, liegt in ihrer Verantwortung. Sie ist jedoch nicht primär umsetzende, sondern vielmehr „die Architekt:in und Statiker:in des Gesamtbaus Kindertagesstätte mit Öffnung in den Sozialraum". Sie motiviert und erinnert an vereinbarte Grundsätze (vgl. Nolte 2014,

S. 21). Zur Erfüllung dieser umfassenden Aufgabe benötigt sie die Unterstützung vonseiten des Trägers und Teams.

9.3 Change-Management Sozialraumorientierung

Die Etablierung einer sozialräumlichen Arbeit in Kindertageseinrichtungen ist ein Prozess, der mit Veränderungen einhergeht. Der Prozess muss auf organisationaler und persönlicher Ebene geplant, initiiert, realisiert, reflektiert und letztendlich stabilisiert werden. Von diesem Prozess sind das Team, die Kinder sowie die Elternschaft auf unterschiedliche Weise betroffen.

Insbesondere das Team wird von den Veränderungen und dem erweiterten Aufgabenbereich, der auf die einzelnen pädagogischen Fachkräfte zukommt, gefordert. Das Etablieren einer sozialräumlichen Arbeit und die Überführung und Verankerung dieser in die Kita-Konzeption stellen einen herausfordernden Prozess dar. Um sich auf diesen herausfordernden Weg zu begeben, braucht es gute innere und äußere Rahmenbedingungen.

Hinweis: Bei der Etablierung einer sozialräumlich ausgerichteten Arbeit spielen

- → einrichtungsspezifische Faktoren,
- → Historie der Einrichtung,
- → Unterstützung des Trägers,
- → Erfahrungen und Kompetenz der Mitarbeiter:innen,
- → Lebenssituation der Familien,
- → sowie die bisherige Einbindung in den Sozialraum,

eine bedeutsame Rolle in der sozialräumlichen Konzeptumsetzung (vgl. Nolte 2014, S. 21).

Um sich auf diesen herausfordernden Weg zu begeben, braucht es gute innere und äußere Rahmenbedingungen. Die Teammitglieder:innen müssen von der Leitungskraft in ihrer Individualität wertgeschätzt werden. Im Team wird es Personen geben, die der sozialräumlichen Öffnung offen gegenüberstehen und sofort Visionen und Ideen haben, andere haben ggf. eher Bedenken und es fällt schwer, sich mit dem Ungewohnten auseinanderzusetzen. Unterschiedlichkeit als Bereicherung zu begreifen, lautet die Prämisse, um eine gemeinsame Basis für eine gewinnbringende Sozialraumarbeit zu schaffen.

Die Leitung der Kindertagesseinrichtung muss den Teammitgliedern hier eine klare Orientierung durch Zielvorgaben und -vereinbarungen geben und ihr Vorgehen transparent kommunizieren. Im Sinne der Partizipation werden alle Teammitglieder:innen eingebunden, sodass auch eine Förderung der individuellen Innovationspotenziale stattfindet. Die Leitung steuert quasi das Team durch den Prozess und nutzt die Potenziale, die das Team mitbringt (vgl. Schneider 2000, zit. in Schneider 2015a, S. 134).

Das Team benötigt im Rahmen von Konzeptionstagen Zeit, um:

- sich mit Theorien der Sozialraumarbeit in Kindertageseinrichtungen auseinanderzusetzen,
- die einzelnen Aspekte zu diskutieren,
- kreativ zu sein und Vision aufzustellen,
- Dinge auszuprobieren,
- zu reflektieren
- und sie letztendlich konzeptionell zu verankern (vgl. Baum 2017, S. 621).

Abbildung 20 Zukunftswerkstatt Sozialraumorientierung

Bei der Planung und konzeptionellen Verankerung einer sozialräumlichen Arbeit müssen außerdem räumliche, personelle, zeitliche und finanzielle Ressourcen berücksichtigt werden (vgl. Nolte 2014, S. 20f.). Räume sind eine wichtige Voraussetzung zur Durchführung von Angeboten oder zur Schaffung von Begegnungsräumen. Da Kindertageseinrichtungen hier häufig an ihre Grenzen stoßen und sie dafür ursprünglich nicht konzipiert wurden, können Räumlichkeiten von entsprechenden Kooperations- und Netzwerkpartner aktiviert werden. Personelle Rahmenbedingungen müssen insoweit Beachtung finden, als dass sie, sofern sich die Kindertageseinrichtung nicht z. B. zu einem Familienzentrum NRW weiterentwickelt hat, in der Regel nicht zur Verfügung stehen. Es gilt, die vorhandenen personellen Ressourcen optimal zu nutzen und auch hier für bedarfs-orientierte Angebote auf entsprechende Kooperations- und Netzwerkpartner zurückzugreifen. Bis dato gibt es keine etablierten Finanzierungen, um die zusätzlichen Finanzierungsbedarfe, die durch eine sozialräumliche Öffnung entstehen, zu decken. Lediglich bei Projekten, wie z. B. dem Projekt Familienzentrum NRW, stehen den Kindertageseinrichtungen zusätzliche Mittel zur Verfügung. Kindertageseinrichtungen sind dazu angehalten, eigene Gelder (z. B. durch Fundraising) zu aktivieren.

Um sich im Team aktiv mit der sozialräumlichen Öffnung der Kindertageseinrichtung auseinanderzusetzen, kann es hilfreich sein, die Übung „Zukunftswerkstatt Sozialraumorientierung“ durchzuführen. Dazu findet man sich, je nach Größe, entweder im Gesamtteam oder in Kleinteams zusammen und bearbeitet die jeweiligen Fragestellungen. Auf einem großen Papier, welches man in vier Kammern unterteilt, bespricht man zunächst gemeinsam den Ist-Zustand der sozialräumlichen Öffnung in der Kindertageseinrichtung. Hier können auch Kritik, Unmut und negative Erfahrungen Raum finden. Es soll noch keine Diskussion unter den Teammitgliedern stattfinden, es kann lediglich eine Kategorisierung der Kritikpunkte vorgenommen werden. Es ist einfach eine Sammlung zur aktuellen Situation. In einer zweiten Phase, der Utopie-Phase, werden Wünsche und Ideen zum Thema gesammelt. Fragen der Realisierung bleiben hier noch außen vor. In der dritten Phase geht es um die Frage, welche Aufgaben es zu bewältigen gilt, um den Ideal-Zustand zu erreichen. Es findet also eine Rückkehr in die Realität statt und die Utopien werden unter Berücksichtigung der vorhandenen Rahmenbedingungen beleuchtet, bevor dann im letzten Schritt die zu bewältigenden Aufgaben mit Lösungsideen formuliert werden. Ausgehend davon, werden dann auch Teilaufgaben und Projekte entwickelt und Zuständigkeiten verteilt (vgl. Göricke 2015, S. 114).

Die Methode der Zukunftswerkstatt ist eine leichte und schnell umsetzbare Methode mit großer Wirkung. Sie ermöglicht es, dass alle Teammitglieder:innen in den Prozess der Öffnung und in die Ideenentwicklung miteinbezogen werden.

Ablaufplan zur sozialräumlichen Öffnung

- ☞ Stimmen Sie Ihr Vorhaben mit Ihrem Träger ab und sichern Sie die Einbindung in ein Gesamtkonzept!
- ☞ Klären Sie Ihr Ziel ab: Was wollen wir erreichen?
- ☞ Nutzen Sie die vielfältigen Potenziale und Perspektiven Ihres Teams!
- ☞ Denken Sie vernetzt – beziehen Sie andere Akteure aus dem Sozialraum mit ein!
- ☞ Sorgen Sie durch eine fundierte Stadtteilanalyse für eine verlässliche Planungsgrundlage!
- ☞ Beteiligen Sie rechtzeitig die Eltern!
- ☞ Eruieren Sie, welche Angebote und Leistungen Eltern wünschen bzw. benötigen!
- ☞ Entwickeln Sie gemeinsam Ideen: Was brauchen die Familien aus unserem Sozialraum?
- ☞ Entscheiden Sie, was mit vorhandenen Ressourcen kurzfristig umsetzbar ist und welche Bedingungen Sie brauchen, um umfänglich die Angebote sicherstellen zu können!
- ☞ Überprüfen, erweitern und ergänzen Sie entsprechend Ihrer bestehenden Konzeption!

(vgl. in Anlehnung an Weber 2020, S. 112)

10 Fazit – eine raumsensible Haltung einnehmen

Wenn der Sozialraum eine Bedeutung für die Kindertageseinrichtung haben soll, ist es wesentlich, dass er vonseiten der Fachkräfte als gestaltbar verstanden wird. Dafür müssen die Fachkräfte notwendige Kompetenzen der Sozialraumarbeit erwerben und eine Haltung einnehmen, die von Offenheit für Diversität und Vielfalt geprägt ist. Die Autorinnen Blankenburg und Rätz-Heinisch (2009, S. 165f.) sprechen von einem sozialräumlichen Blick und plädieren dafür, dass Fachkräfte einen ebensolchen erlernen. Pädagogische Fachkräfte müssen einen sensiblen und auch kritischen Blick auf die Lebensverhältnisse und Aneignungsprozesse der Menschen im Sozialraum einnehmen und die Familien zu Eigenaktivität und Selbstentfaltung anregen. Sozialräumliches Handeln impliziert somit eine Erweiterung des Blickes: „Weg von dem Einzelfall hin zu den komplexen Lebenssituationen und Lebenswelten von Kindern und Familien und deren umgebenden räumlichen Bedingungen“. Gerade Kinder eignen sich in der täglichen Auseinandersetzung mit ihrer alltäglichen Welt eben diese an und erleben wertvolle Entwicklungs- und Erkenntnisprozesse. Diese Prozesse sind jedoch in einem großen Maße davon abhängig, wie und in welcher Form solche Aneignungsprozesse in der sozialräumlichen Umwelt, z. B. von den Fachkräften in der Kindertageseinrichtung, ermöglicht werden. Um einen solchen sozialräumlichen Blick zu erlangen, kann es hilfreich sein, zunächst in die Rolle eines teilnehmenden Beobachters/einer teilnehmenden Beobachterin zu rutschen und so den Sozialraum mit einem „Blick von außen“, vorurteilsfrei und ohne Wertung einzunehmen. Mit einer offenen Grundhaltung erlangt man einen vielschichtigen Einblick in andere Lebenswelten, Lebenslagen und die räumlichen Gegebenheiten (vgl. Blankenburg/Rätz-Heinisch 2009, S. 165f.).

Eine Kita kann in einem Sozialraum die Rolle eines Knotenpunktes einnehmen, ein Raum der Begegnung und Vernetzung, die Kita alleine kann aber nicht alle Funktionen und Rollen übernehmen, wie z. B. die Rolle eines/einer Sozialarbeiter:in oder die Rolle eines/einer Berater:in.

Schneider (2015, S. 83) fasst die Funktionen die die Kita im Sozialraum übernehmen kann, wie folgt zusammen:

Im Kontext eines Sozialraumes kann und soll eine Kindertageseinrichtung:

- Sich als aktiver Teil des Sozialraumes verstehen
- Funktionen für den Sozialraum erfüllen
- Definieren, welche Funktion für den Sozialraum wie mit welchen Kapazitäten erfüllbar sind und welche nicht

- Klären, welche Gestaltungs- und Aneignungsfunktionen im Sozialraum im Interesse der Kinder und deren Eltern (auch von diesen) gewünscht sind und angeboten werden können
- Überlegen, wer wirksame Unterstützung leisten kann
- Kontakte zu Lokalpolitiker:innen, Bügermeister:innen, Bezirksvertretungen etc. nutzen und vertiefen
- Aufzeigen, wie Eltern einbezogen werden können
- Festlegen, an welchen Stellen Partizipation der Kinder möglich und wünschenswert ist

Hinweis: Intensität der sozialräumlichen Orientierung in frühpädagogischen Institutionen ist abhängig von den Möglichkeiten des Sozialraumes, der Trägerstruktur und der Einstellung der Fachkräfte zum sozialräumlichen Arbeiten.

Es ergibt sich somit, dass im Rahmen einer sozialräumlich ausgerichteten Arbeit in Kitas, insbesondere die Fachkräfte eine veränderte räumliche Haltung einnehmen müssen, um eine gelingende Sozialraumarbeit zu leisten. Eine sogenannte „räumlich reflexive Haltung“ impliziert einen systemischen und möglichst allumfassenden Blick auf den Handlungsraum. Außerdem fordert eine solche Haltung im Sinne einer Sozialraumarbeit eine bewusste Positionierung auch in politischen Aspekten. Eine sozialräumliche Vorgehensweise muss immer situationsbedingt, reflektiert und legitimiert angewandt werden. Eine solche Haltung kann nicht nur konzeptionell verankert oder von nur einer Person, zum Beispiel der leitendenden Fachkraft, umgesetzt werden. Zu einer solchen Realisierung müssen die (politischen) Verantwortungsträger beitragen. Eine Sozialraumarbeit bietet mittels einer räumlich reflexiven Haltung einen Rahmen für Reflexion in Bezug auf raumbezogene Vorgehensweisen, sie ist jedoch nicht als ein handlungsfertiges Konzept zu verstehen (vgl. Kessl/Reutlinger 2010, S. 126ff.). Im Sinne einer Sozialraumarbeit gibt es keine Methoden, die generell anwendbar sind. Es bedarf immer einer Reflexion und Analyse der Situation vor Ort, wovon ausgehend die Wahl für eine passenden Methode getroffen wird.

Sozialraumarbeit in der Kita kann und sollte daher als Chance verstanden werden, insbesondere mehrfachbenachteiligte Familien profitieren von einem frühen Zugang zu frühkindlichen Bildungsangeboten und einer engen Verzahnung für sie relevanter Institutionen.

Leitungskräften von Kindertageseinrichtungen kommt hier eine besondere Bedeutung zu, sie stehen in der Verantwortung, die sozialraumorientierten Angebote zu etablieren und langfristig zu erhalten. Sie können maßgeblich dazu beitragen, Kinder und Familien in ihrem Sozialraum wahrzunehmen, ihnen Teilhabe zu ermöglichen und ihnen den Zugang zu anderen Institutionen zu erleichtern.

Literatur

Aden-Grossmann, Wilma (2002): Kindergarten. Eine Einführung in seine Entwicklung und Pädagogik. (2. Auflage). Weinheim und Basel: Beltz.

Ahrens, Daniela (2008): Georg Simmel – phänomenologische Vorarbeiten für eine Sozialraumforschung. In: Kessl, Fabian/Reutlinger, Christian (Hrsg.): Schlüsselwerke der Sozialraumforschung. Traditionslinien in Text und Kontexten. Wiesbaden: VS Verlag für Sozialwissenschaften, S. 78–93.

Baacke, Dieter (1984): Die 6- bis 12-jährigen. Einführung in die Probleme des Kindesalters. Weinheim und Basel: Beltz.

Bassarak, Herbert (2006): Jugendarbeit planen, gestalten und steuern – Grundlagen kommunaler Jugendarbeit, Netzwerkpolitik und Sozialraumorientierung. In: Kolhoff, Ludger/Wendt, Peter-Ulrich/Bothe, Iris (Hrsg.): Regionale Jugendarbeit. Wege in die Zukunft. Wiesbaden: VS Verlag für Sozialwissenschaften, S. 199–233.

Bauer, Petra (2015): Kooperation als Herausforderung in multiprofessionellen Handlungsfeldern. In: Faas, Stefan/Zipperle, Mirjana (Hrsg.): Sozialer Wandel. Herausforderungen für Kulturelle Bildung und Soziale Arbeit. VS Verlag für Sozialwissenschaften, S. 273–286.

Baum, Heike (2017): Konzeptionsentwicklung in der Kita. In: Skalla, Sabine (Hrsg.): Handbuch für die Kita-Leitung (2., überarbeitete und erweiterte Auflage). Köln: Carl Link.

Berger, Manfred (1999): Henriette Schrader-Breymann – Leben und Wirken einer Pionierin der Mädchenbildung und des Kindergartens. Frankfurt am Main: Brandes & Apsel.

Blankenburg, Nina/Rätz-Heinisch, Regina (2009): Kindertageseinrichtungen – Sozialräumliche Methoden in der Arbeit mit Kindern, Familien und Nachbarn. In: Deinet, Ulrich (Hrsg.): Methodenbuch Sozialraum. Wiesbaden: VS Verlag für Sozialwissenschaften, S. 165–188.

Blochmann, Elisabeth (1968). Pädagogik des Kindergartens. In: Besser, Luise u. a. (Hrsg.): Beiträge zur Sozialpädagogik. Heidelberg: Quelle & Meyer.

Bock-Famulla, Kathrin/Langness, Anja/Schöne, Mandy (2008): Kinder brauchen eine ganze Kommune – Erfahrungen aus dem Modellprojekt „Kind & Ko“. In: Diller, Angelika/Heitkötter, Martina/Rauschenbach, Thomas (Hrsg.): Familie im Zentrum. Kinderfördernde und elternunterstützende Einrichtungen – aktuelle Entwicklungslinien und Herausforderungen. München: Verlag Deutsches Jugendinstitut, S. 211–220.

Bock-Famulla, Kathrin/Langness, Anja/Schöne, Mandy/Stieve, Claus (2008): Einleitung. In: Bertelsmann Stiftung (Hrsg.): Kommunale Netzwerke für Kinder. Ein Handbuch zur Governance frühkindlicher Bildung. Gütersloh: Verlag Bertelsmann Stiftung, S. 11–16.

Bock, Karin (2002): Die Kinder- und Jugendhilfe. In: Thole, Werner (Hrsg.): Grundriss Soziale Arbeit. Ein einführendes Handbuch. Wiesbaden: VS Verlag für Sozialwissenschaften, S. 299–315.

Braun, Karl-Heinz (1994), Schule und Sozialarbeit in der Modernisierungskrise. In: „Neue Praxis“, 2, S. 107ff.

Breuer, Anne (2011): Lehrer-Erzieher-Teams – Kooperation als Differenzierung von Zuständigkeit. In: Speck, Karsten/Olk, Thomas/Böhm-Kasper, Oliver/Stolz, Heinz-Jürgen/Wiezorek, Christine (Hrsg.): Ganztagsschulische Kooperation und Professionsentwicklung: Studien zu multiprofessionellen Teams und sozialräumlicher Vernetzung. Weinheim und München: Juventa, S. 85–101.

Breuer, Anne/Reh, Sabine (2010): Zwei ungleiche Professionen? Wie LeherInnen und ErzieherInnen in Teams zusammenarbeiten. Soziale Passagen 2, S. 29–46.

Breuksch, Bernt-Michael/Engelberg, Katja (2008): Netzwerkaufbau für die Weiterentwicklung von Kindertageseinrichtungen zu Familienzentren in Nordrhein-Westfalen. In: Schubert, Herbert

(Hrsg.): Netzwerkmanagement. Koordination von professionellen Vernetzungen. Grundlagen und Beispiele. Wiesbaden: VS Verlag für Sozialwissenschaften, S. 188–205.

Brock, Inés (2011): Die Beziehung zwischen Eltern und frühpädagogischen Fachkräften in Kindertageseinrichtungen. Psychodynamische Aspekte der Beziehungsgestaltung. Expertise. München: WiFF.

Bundesjugendkuratorium (BJK) (2017): Thesenpapier: „Demokratie braucht Alle" – Thesen zu aktuellen Herausforderungen und zur Notwendigkeit von Demokratiebildung. München. https://www.demokratie-leben.de/fileadmin/content/PDF-DOC-XLS/Meldungen/201712_BJK_Thesenpapier_Demokratie.pdf (Abfrage: 09.11.22).

Bundesminister für Jugend, Familien, Frauen und Gesundheit (BMJFFG) (1990): Achter Jugendbericht. http://www.dji.de/bibs/8_Jugendbericht.pdf (Abfrage: 17.11.2022).

Bundesministerium für Familie, Senioren, Frauen und Jugend (BMFSFJ) (2005): Zwölfter Kinder- und Jugendbericht: Bericht über die Lebenssituation junger Menschen und die Leistungen der Kinder- und Jugendhilfe in Deutschland. Berlin: Eigendruck des Ministeriums. http://www.bmfsfj.de/doku/Publikationen/kjb/data/download-/kjb_060228_ak3.pdf (Abfrage: 23.05.2014).

Bundesministerium für Familie, Senioren, Frauen und Jugend (BMFSFJ) (2002): Elfter Kinder- und Jugendbericht. Bericht über die Lebenssituation junger Menschen und die Leistungen der Kinder- und Jugendhilfe in Deutschland. Berlin: Eigenverlag.

Bundesministerium für Familie, Senioren, Frauen und Jugend (BMFSFJ) (1998): Bericht über die Lebenssituation von Kindern und die Leistungen der Kinderhilfen in Deutschland. Zehnter Kinder- und Jugendbericht. http://www.bmfsfj.de/doku/Publikationen/kjb/data/download/10_Jugendbericht_gesamt.pdf (Abfrage: 02.12.2013).

Burdorf-Schulz, Jutta/Müller, Renate (2004): Das Pen Green Centre in Corby, U.K., und der Aufbau eines ersten Early Excellence Centres in Berlin. In: Hebenstreit-Müller, Sabine/Kühnel, Barbara (Hrsg.): Kinderbeobachtung in Kitas – Erfahrungen und Methoden im ersten Early Excellence Centre in Berlin. Berlin: Dohrmann, S. 15–28.

Colberg-Schrader, Hedi/Krug, Marianne (1986): Lebensnahes Lernen im Kindergarten. Zur Umsetzung des Curriculum Soziales Lernen. (3. Auflage). München: Kösel.

Colberg-Schrader, Heidi/Oberhuemer, Pamela (2000): Ein Modell für Kindertageseinrichtungen der Zukunft? Ein Besuch im englischen Pen Green. In Colberg-Schrader, Heidi/Oberhuemer, Pamela (Hrsg.): Qualifizierung für Europa. Baltmannsweiler: Schneider Hohengehren, S. 89–92.

Correll, Lena/Hiemenz, Bea/Lepperhoff, Julia (2012): Die Bedeutung des Sozialraums für frühe Förderung und frühkindliche Bildung. http://www.sozialraum.de/die-bedeutung-des-sozialraums-fuer-fruehe-foerderung-und-fruehkindliche-bildung.php (Abfrage: 07.10.2022).

Deinet, Ulrich (2011): Der sozialräumliche Blick auf Kindheit und Kindertageseinrichtung. In: Robert, Günther/Pfeifer, Kristin/Drößler, Thomas (Hrsg.): Aufwachsen in Dialog und sozialer Verantwortung. Wiesbaden: VS Verlag für Sozialwissenschaften, S. 291–310.

Deinet, Ulrich (2010): Aneignungsraum. In: Reutlinger, Christian/Fritsche, Caroline/Lingg, Eva (Hrsg.): Raumwissenschaftliche Basics. Wiesbaden: VS Verlag für Sozialwissenschaften, S. 35–44.

Deinet, Ulrich (2007): Aneignung und Raum – sozialräumliche Orientierung von Kindern und Jugendlichen. In: Deinet, Ulrich/Gilles, Christoph/Knopp, Reinhold (Hrsg.): Neue Perspektiven in der Sozialraumorientierung. Dimension – Planung – Gestaltung. Berlin: Frank & Timme, S. 44–63.

Deinet, Ulrich (2002): Der qualitative Blick auf Sozialräume als Lebenswelten. In: Deinet, Ulrich/Krisch, Richard (Hrsg.): Der sozialräumliche Blick der Jugendarbeit. Methoden und Bausteine zur Konzeptentwicklung und Qualifizierung. Opladen: Leske + Budrich, S. 31–44.

Deinet, Ulrich (1999): Sozialräumliche Jugendarbeit. Eine praxisbezogene Anleitung zur Konzeptentwicklung in der Offenen Kinder- und Jugendarbeit. Opladen: Leske + Budrich.

Deinet, Ulrich/Gumz, Heike/Muscutt, Christina/Thomas, Sophie (2018): Offene Ganztagsschule – Schule als Lebensort aus Sicht der Kinder. Opladen: Budrich.

Deinet, Ulrich/Krisch, Richard (2020): Subjektive Landkarten. In: sozialraum.de (1) Ausgabe 1/2009. https://www.sozialraum.de/subjektive-landkarten.php (Abfrage: 20.10.2020).

Diller, Angelika/Schelle, Regine (2009): Von der Kita zum Familienzentrum. Konzepte entwickeln – erfolgreich umsetzen. Freiburg im Breisgau: Herder.

Edelstein, Wolfgang (2014): Zum Nachklang: Kinderrechte und Demokratie – Werte und Kompetenzen für eine nachhaltige Schule. In: Edelstein, Wolfgang/Krappmann, Lothar/Student, Sonja (Hrsg.): Kinderrechte in die Schule. Gleichheit, Schutz, Förderung, Partizipation. Schwalbach/Ts.: Debus Pädagogik, S. 184-197.

Fröhlich-Gildhoff, Klaus/Pietsch, Stefanie/Wünsche, Michael/Rönnau-Böse, Maike (2011): Entwicklung, Umsetzung und Evaluation des Curriculums „Zusammenarbeit mit Eltern". In: Fröhlich-Gildhoff, Klaus/Pietsch, Stefanie/Wünsche, Michael/Rönnau-Böse, Maike (Hrsg.): Zusammenarbeit mit Eltern in Kindertageseinrichtungen. Ein Curriculum für die Aus- und Weiterbildung. Freiburg im Breisgau: Verlag Forschung – Entwicklung – Lehre.

Gerstacker, Ruth/Zimmer, Jürgen (1978): Der Situationsansatz in der Vorschulerziehung. In: Dollase, Rainer (Hrsg.): Handbuch der Früh- und Vorschulpädagogik. Düsseldorf: Pädagogischer Verlag Schwann, S. 189–205.

Görricke, Katja (2015): Möglichkeiten entwickeln: Planung. In: Schneider, Armin (Hrsg.): Die Kita als Türöffner – Wege zur Sozialraumorientierung. Berlin: Cornelsen, S. 96–116.

Hamburger, Franz (2008): Einführung in die Sozialpädagogik. (2., überarbeitete Auflage). Stuttgart: Kohlhammer.

Hansen, Rüdiger/ Knauer, Raingard (2017): Das Praxisbuch: Mitentscheiden und Mithandeln in der Kita. Wie pädagogische Fachkräfte Partizipation und Engagement von Kindern fördern. Gütersloh: Verlag Bertelsmann Stiftung.

Hansen, Rüdiger/Knauer, Raingard/Sturzenhecker, Benedikt (2011): Partizipation von Kindern in Kindertageseinrichtungen. So gelingt Demokratiebildung mit Kindern. Weinheim und Berlin: Beltz Juventa.

Hebenstreit-Müller, Sabine (2008): Early Excellence: Modell einer Integration von Praxis-Forschung-Ausbildung. In: Rietmann, Stephan/Hensen, Gregor (Hrsg.): Tagesbetreuung im Wandel – Das Familienzentrum als Zukunftsmodell (2., durchgesehene Auflage). Wiesbaden: VS Verlag für Sozialwissenschaften, S. 238–250.

Hebenstreit-Müller, Sabine/Lepenies, Annette (2007): Einleitung. In: Hebenstreit-Müller, Sabine/ Lepenies, Annette (Hrsg.): Early Excellence: Der positive Blick auf Kinder, Eltern und Erzieherinnen – Neue Studien zu einem Erfolgsmodell. Berlin: Dohrmann, S. 7–12.

Heitkötter, Martina/Rauschenbach, Thomas/Diller, Angelika (2008): Veränderte Anforderungen an Familien – Ausgangspunkt für integrierte Infrastrukturangebote für Kinder und Eltern. In: Heitkötter, Martina/Rauschenbach, Thomas/Diller, Angelika (Hrsg.): Familie im Zentrum – Kinderfördernde und elternunterstützende Einrichtungen – aktuelle Entwicklungslinien und Herausforderungen. Wiesbaden: VS Verlag für Sozialwissenschaften, S. 9–14.

Hinte, Wolfgang (2002): Fälle, Felder und Budgets. Zur Rezeption sozialraumorientierter Ansätze in der Jugendhilfe. In: Merten, Roland (Hrsg.): Sozialraumorientierung. Zwischen fachlicher Innovation und rechtlicher Machbarkeit. Weinheim und München: Juventa, S. 91–126.

Hochuli Freund, Ursula/Stotz, Walter (2013): Kooperative Prozessgestaltung in der Sozialen Arbeit. Ein methodenintegratives Lehrbuch. (2., durchgesehene Auflage). Stuttgart: Kohlhammer.

Irl, Maria (2018): Die Akeurschaft von jungen Kindern erkennen. Möglichkeiten eines bereiten Partizipationsverständnisses. https://www.kita-fachtexte.de/de/fachtexte-finden/die-akteurschaft-von-jungen-kindern-erkennen-moeglichkeiten-eines-breiten-partizipationsverstaendnisses (Abfrage: 04.11.22).

Jares, Lisa (2022): Networking in Ihrer Kita – so gehen Sie es an. In: Eine Kita leiten – effektiv, teamorientiert, stressfrei. 08/2022.

Jares, Lisa (2016): Kitas sind (keine) Inseln. Das sozialräumliche Verständnis von traditionellen Kindertageseinrichtungen und Familienzentren NRW. Münster: Waxmann.

Jares, Lisa (2014): Das Prinzip der Niederschwelligkeit. Was heißt das in der Kita-Praxis? In: TPS. Theorie und Praxis der Sozialpädagogik, 06/2014, S. 20–21.

Kasüschke, Dagmar/Fröhlich-Gildhoff, Klaus (2008): Frühpädagogik heute – Herausforderung an Disziplin und Profession. Kronach: Carl Link.

Kessl, Fabian/Reutlinger, Christian (2010): Sozialraum. Eine Einführung. (2., durchgesehene Auflage). Wiesbaden: VS Verlag für Sozialwissenschaften.

Knauer, Raingard (2011): Familienzentren. In: Kita ND 9/2011 S. 11 ff.

Knauer, Raingard/Sturzenhecker, Benedikt/Hansen, Rüdiger (2012): Mitentscheiden und Mithandeln in der Kita. Gesellschaftliches Engagement von Kindern fördern (2. Auflage). Gütersloh: Verlag Bertelsmann Stiftung.

Kobelt Neuhaus Daniela/Refle, Günther (2008): „Inklusive Vernetzung von Kindertageseinrichtung und Sozialraum", Expertise des Weiterbildungsinstitut Frühpädagogische Fachkräfte, München: DJI-Verlag.

Kobelt Neuhaus, Daniela (2018): Von der Kita zum Familienzentrum – eine wirkungsorientierte Entwicklung. In: Rißmann, Michaela (Hrsg.): Didaktik in der Kindheitspädagogik. Grundlagen der Frühpädagogik. Band 3. (2., vollständig überarbeitete Auflage.) Köln: Wolters Kluwer, S. 91–111.

Konau, Elisabeth (1977): Raum und soziales Handeln. Studien zu einer vernachlässigten Dimension soziologischer Theoriebildung. Göttingen: Enke.

Krieg, Elsbeth (2004): Lernen von Reggio – Theorie und Praxis der Reggio-Pädagogik im Kindergarten. Frankfurt am Main: Verlag Hans Jacobs.

Landesamt für Soziales, Jugend und Versorgung des Landes Rheinland-Pfalz (2008): Orientierungshilfen für die Bedarfsplanung von Kindertagesstätten. https://kita.rlp.de/fileadmin/kita/04_Service/01_Gesetze__Verordnungen__Empfehlungen/3._Verordnungen_und_Empfehlungen/Orientierungshilfe_zur_Bedarfsplanung_fuer_Kindertagesstaetten.pdf (Abfrage: 12.10.22).

Ledig, Michael/Schneider, Kornelia/Zehnbauer, Anne (1996): Orte für Kinder: Pluralisierung von Betreuungsformen. Öffnen von Institutionen. In: Zeitschrift für Pädagogik. 48/3, S. 347–364.

Ledig, Michael/Zehnbauer, Anne (1994): Einleitung. Zu diesem Reader. In: Deutsches Jugendinstitut (Hrsg.): Orte für Kinder. Auf der Suche nach neuen Wegen in der Kinderbetreuung. München: Verlag Deutsches Jugendinstitut, S. 13–26.

Leitner, Babara (2018): Das Recht auf Teilhabe und Mitbestimmung. Partizipation in der Kita. Berlin: Friedrich-Ebert-Stiftung Forum Politik und Gesellschaft und AWO Landesverband Berlin e. V.

Lepenies, Annette (2008): Der Early Excellence-Ansatz in England und Deutschland – am Beispiel von Pen Green. In: Whalley, Margy und das Pen Green Centre Team (Hrsg.): Eltern als Experten ihrer Kinder – Das Early Excellence – Modell in Kinder- und Familienzentren. Berlin: Dohrmann, S. 7–18.

Leu, Hans Rudolf/Schelle, Regine/Diller, Angelika/Kalicki, Bernhard (2011): Frühe Bildung – Bedeutung und Aufgaben der pädagogischen Fachkraft Grundlagen für die kompetenzorientierte Weiterbildung. https://www.weiterbildungsinitiative.de/fileadmin/Redaktion/Publikationen/WiFF_Wegweiser_4_Fruehe_Bildung_Internet.pdf (Abfrage: 02.11.2022).

Liegle, Ludwig (2010): Familie und Tageseinrichtung für Kinder als soziale Orte der Erziehung und Bildung. Gemeinsamkeiten – Unterschiede – Wechselwirkung. In: Cloos, Peter/Karner, Britta (Hrsg.): Erziehung und Bildung als gemeinsames Projekt. Zum Verhältnis familialer Erziehung und öffentlicher Kinderbetreuung. Baltmannsweiler: Schneider Hohengehren, S. 63–79.

Lindner, Eva J./Sprenger, Karin/Rietmann, Stephan (2008): Familienzentren in Nordrhein-Westfalen – Ein Überblick über die Pilotphase. In: Rietmann, Stephan/Hensen, Gregor (Hrsg.): Tagesbetreuung im Wandel – Das Familienzentrum als Zukunftsmodell. (2., durchgesehene Auflage). Wiesbaden: VS Verlag für Sozialwissenschaften, S. 277–291.

Lingg, Eva/Stiehler, Steve (2010): Nahraum. In: Reutlinger, Christian/Fritsche, Caroline/Lingg, Eva (Hrsg.): Raumwissenschaftliche Basics. Wiesbaden: VS Verlag für Sozialwissenschaften, S. 169–179.

Löw, Martina (2001): Raumsoziologie. Frankfurt am Main: Suhrkamp.

Macher, Jürgen-Hans (2007): Methodische Perspektiven auf Theorien des sozialen Raumes. Zu Henri Lefebvre, Pierre Bourdieu und David Harvey. Neu-Ulm: AG SPAK Bücher.

Manderscheid, Katharina (2008): Pierre Bourdieu – ein ungleichheitstheoretischer Zugang zur Sozialraumforschung. In: Kessl, Fabian/Reutlinger, Christian (Hrsg.): Schlüsselwerke der Sozialraumforschung. Traditionslinien in Text und Kontexten. Wiesbaden: VS Verlag für Sozialwissenschaften, S. 155–171.

Marquard, Peter (2009): Auf den Nutzer kommt es an. http://www.sozialraum.de/auf-den-nutzer-kommt-es-an.php (Abfrage: 02.12.2013).

Mayer-Tasch, Peter Cornelius (2013): Raum und Grenze. Wiesbaden: Springer.

Merchel, Joachim (2001): „Beratung im ‚Sozialraum'. Eine neue Akzentsetzung für die Verortung von Beratungsstellen in der Erziehungshilfe?". In: Neue Praxis, 31/4, S. 369–387.

Michels, Inge (2017): Netzwerkarbeit und Sozialraumorientierung. In: Skalla, Sabine (Hrsg.): Handbuch für die Kita-Leitung. (2., überarbeitete und erweiterte Auflage). Köln: Wolters Kluwer, S. 447–480.

Ministerium für Familie, Kinder, Jugend, Kultur und Sport des Landes Nordrhein-Westfalen (2020): Aufbau und Standorte der Familienzentren. https://www.familienzentrum.nrw.de/landesprogramm/ausbau-und-standorte-der-familienzentren/ (Abfrage: 11.10.2022).

Ministerium für Familie, Kinder, Jugend, Kultur und Sport des Landes Nordrhein-Westfalen (2016): Neue Wege – Familienzentren in Nordrhein-Westfalen. Eine Handreichung für Praxis. https://www.familienzentrum.nrw.de/fileadmin/user_upload/Publikationen/13-0167_MFKJKS_Broschuere_Neue_Wege_Web.pdf (Abfrage: 11.10.2022).

Ministerium für Generation, Familie, Frauen und Integration des Landes Nordrhein-Westfalen (MGFFI) (2013): Wege zum Familienzentrum Nordrhein-Westfalen – Eine Handreichung. Düsseldorf.

Ministerium für Generation, Familie, Frauen und Integration des Landes Nordrhein-Westfalen (MGFFI) (2011): Gütesiegel Familienzentrum Nordrhein-Westfalen. Düsseldorf.

Ministerium für Volksbildung (1967/1985): Bekanntmachung mit dem gesellschaftlichen Leben. In: Grossmann, Wilma (1992) (Hrsg.): Kindergarten und Pädagogik. Grundlagentexte zur deutsch-deutschen Bestandsaufnahme. Weinheim und Basel: Beltz.

Muri, Gabriela/Friedrich, Sabine (2009): Stadt(t)räume – Alltagsräume? Jugendkultur zwischen geplanter und gelebter Urbanität. Wiesbaden: VS Verlag für Sozialwissenschaften.

Nentwig-Gesemann, Iris/Hurmaci, Aline (2020): Kita-Qualität aus der Perspektive von Eltern. https://www.bertelsmann-stiftung.de/fileadmin/files/BSt/Publikationen/GrauePublikationen/KiTa-Qualitaet_Perspektive_Eltern_Studie_web_01.pdf (Abfrage: 02.11.2022).

Nolte, Johanna (2014): Sozialraum- und lebensweltorientierte Vernetzung und Kooperation. https://www.kita-fachtexte.de/texte-finden/detail/data/sozialraum-und-lebensweltorientierte-vernetzung-und-kooperation/ (Abfrage: 13.11.2018).

Olk, Thomas/Stimpel, Thomas (2011): Kommunale Bildungslandschaften und Educational Governance vor Ort. Bildungspolitische Reformpotenziale durch Kooperation und Vernetzung formeller und informeller Lernorte? In: Bollweg, Petra/Otto, Hans-Uwe (Hrsg.): Räume flexibler Bildung. Bildungslandschaft in der Diskussion. Wiesbaden: VS Verlag für Sozialwissenschaften, S. 169–188.

Pott, Elisabeth/Rauschenbach, Thomas (o. J.): Anforderungen an Frühe Hilfen und Soziale Frühwarnsysteme. In: Nationales Zentrum Frühe Hilfen (Hrsg.): Nationales Zentrum Frühe Hilfen. Köln.

http://www.fruehehilfen.de/fileadmin/user_upload/fruehehilfen.de/pdf/NZFH_Image broschuere.pdf (Abfrage: 13.09.2022).

Preissing, Christa (2003): Qualität im Situationsansatz – Qualitätskriterien und Materialien für die Qualitätsentwicklung in Kindertageseinrichtungen. Weinheim und Basel: Beltz.

Rauschenbach, Thomas/Borrmann, Stefan (2010): Wenn die Privatsache Kinderbetreuung öffentlich wird. Zur neuen Selbstverständlichkeit institutioneller Kinderbetreuung. In: Cloos, Peter/Karner, Britta (Hrsg.): Erziehung und Bildung von Kindern als gemeinsames Projekt. Zum Verhältnis familialer Erziehung und öffentlicher Kinderbetreuung. Baltmannsweiler: Schneider Hohengehren, S. 11–25.

Riege, Marlo/Schubert, Herbert (2005): Zur Analyse sozialer Räume. Ein interdisziplinärer Integrationsversuch. In Riege, Marlo/Schubert, Herbert (Hrsg.): Sozialraumanalyse. Grundlagen. Methoden. Praxis (2. Auflage). Wiesbaden: VS Verlag für Sozialwissenschaften, S. 7–68.

Rosbach, Hans-Günther (2005): Effekte qualitativ guter Betreuung, Bildung und Erziehung im frühen Kindesalter auf Kinder und ihre Familien. In: Sachverständigenkommission Zwölfter Kinder- und Jugendbericht (Hrsg.): Material zum zwölften Kinder- und Jugendbericht: Bildung, Betreuung und Erziehung von Kindern unter sechs Jahren. Band 1. München: Verlag Deutsches Jugendinstitut, S. 55–174.

Sann, Alexandra/Schäfer, Reinhild (2008): Frühe Hilfen für Familien und soziale Frühwarnsysteme. In: Bastian, Pascal/Diepholz, Annerieke/Lindner, Eva (Hrsg.): Frühe Hilfen für Familien und soziale Frühwarnsysteme. Münster: Waxmann.

Santen van, Eric/Seckinger, Mike (2005): Sozialraumorientierung ohne Sozialräume? In: Projekt „Netzwerk im Stadtteil“ (Hrsg.): Grenzen des Sozialraums. Kritik eines Konzepts – Perspektiven für Soziale Arbeit. Wiesbaden: VS Verlag für Sozialwissenschaften, S. 49–71.

Santen van, Eric/Seckinger, Mike (2005a): Fallstricke im Beziehungsgeflecht: Die Doppelleben interinstitutioneller Netzwerke. In: Bauer, Petra/Otto, Ullrich (Hrsg.): Mit Netzwerken professionell zusammenarbeiten. Band 2 Institutionelle Netzwerke in Steuerungs- und Kooperationsperspektive. Tübingen: dgvt-Verlag, S. 201–219.

Schmidt-Denter, Ulrich (2002): Vorschulische Förderung. In: Oerter, Rolf/Montada, Leo (Hrsg.): Entwicklungspsychologie. Weinheim: PsychologieVerlagsUnion, S. 740–755.

Schneider, Armin (2015): Kitas öffnen sich: Sozialraum- und Lebensweltorientierung. In: Schneider, Armin (Hrsg.): Die Kita als Türöffner – Wege zur Sozialraumorientierung. Berlin: Cornelsen, S. 72–85.

Schneider, Armin (2015a): Aller Anfang ist gar nicht so schwer: Veränderungen gestalten. In: Schneider, Armin (Hrsg.): Die Kita als Türöffner – Wege zur Sozialraumorientierung. Berlin: Cornelsen, S. 130–141.

Schneider, Armin (2000): Alte Steine aus dem Weg räumen: Alle Veränderung ist unbequem. In: Wendt, Peter-Ulrich et al. (Hrsg.): Managementkonzepte in der modernen Jugendarbeit. Marburg: Schüren, S. 142–157.

Schneider, Armin und Pohlmann, Ulrike (2020): Nachhaltige Kita-Sozialräume – gemeinschaftlich entwickeln. https://www.hs-koblenz.de/fileadmin/media/fb_sozialwissenschaften/IBEB/Forschung/Nachhaltige_Kita-Sozialraeume_-_gemeinschaftlich_entwickeln/Methodenkoffer.pdf (Abfrage: 20.10.2022).

Schönfeld, Natalie (2020): Deine Meinung zählt! In: TPS 12/20, S. 42-45.

Schöning, Werner (2008): Sozialraumorientierung. Grundlagen und Handlungsansätze. Schwalbach: Wochenschau Verlag.

Schreyer, Inge/Oberhuemer, Pamela/Hanssen, Kirsten (2003): Das TQ-Projekt im Rahmen der Nationalen Qualitätsinitiative. In: Fthenakis E., Wassilios/Hanssen, Kirsten/Oberhuemer, Pamela/Schreyer, Inge (Hrsg.): Träger zeigen Profil. Qualitätshandbuch für Träger von Kindertageseinrichtungen. Weinheim und Basel: Beltz, S. 16–18.

Schubert, Herbert (2008): Kooperation und Vernetzung: Kriterien und Instrumente. In: Diller, Angelika/Heitkötter, Martina/Rauschenbach, Thomas (Hrsg.): Familie im Zentrum. Kinderfördernde und elternunterstützende Einrichtungen – aktuelle Entwicklungslinien und Herausforderungen. München: Verlag Deutsches Jugendinstitut, S. 69–86.

Simmel, Georg (1992): Der Raum und die räumlichen Ordnungen der Gesellschaft (1908). In: Rammstedt, Ottstein (Hrsg.): Georg Simmel Gesamtausgabe. Frankfurt am Main: Suhrkamp, S. 687–790.

Spatscheck, Christian (2009): Methoden der Sozialraum- und Lebensweltanalyse im Kontext der Theorie- und Methodendiskussion der Sozialen Arbeit. In: Deinet, Ulrich (Hrsg.): Methodenbuch Sozialraum. Wiesbaden: VS Verlag für Sozialwissenschaften, S. 33–44.

Statistisches Bundesamt (2022): Statistiken der Kinder- und Jugendhilfe. Betreuungsquoten der Kinder unter 6 Jahren in Kindertagesbetreuung am 01.03.2022 nach Ländern. Wiesbaden: Statistisches Bundesamt. https://www.destatis.de/DE/Themen/Gesellschaft-Umwelt/Soziales/Kindertages betreuung/_inhalt.html (Abfrage: 13.12.2022).

Stieve, Claus (2009): Netzwerke frühkindlicher Bildung. Merkmale erfolgreicher kommunaler Kooperationen. Verlag Bertelsmann Stiftung.

Stöbe-Blossey, Sybille (2008): Familienzentren in Nordrhein-Westfalen – eine neue Steuerung von niedrigschwelligen Angeboten für Kinder und Familien. In: Diller, Angelika/Heitkötter, Martina/ Rauschenbach, Thomas (Hrsg.): Familie im Zentrum. Kinderfördernde und elternunterstützende Einrichtungen – aktuelle Entwicklungslinien und Herausforderungen. München: Verlag Deutsches Jugendinstitut, S. 195–209.

Stoll, Siegfried (1995): Der Situationsansatz im Kindergarten – Möglichkeiten seiner Verwirklichung. Berlin: FIPP.

Strätz, Rainer/Derks-Killemann, Gisela/Bourgeois, Susanne (1992): Natur und Umwelt im Kindergarten (1991). In: Grossmann, Wilma (Hrsg.): Kindergarten und Pädagogik. Grundlagentexte zur deutsch-deutschen Bestandsaufnahme. Weinheim und Basel: Beltz, S. 182–191.

Straus, Florian/Höfer, Renate (2005): Netzwerk und soziale Projekte. In: Kessl, Florian/Reutlinger, Christian/Maurer, Susanne/Frey, Oliver (Hrsg.): Handbuch Sozialraum. Wiesbaden: VS Verlag für Sozialwissenschaften, S. 471–491.

Syassen, Heide Marie (2009): Vom Kindergarten zum Familienzentrum – Wandel des gesellschaftlichen Auftrags und seiner konkreten Umsetzung. In: Knauf, Helen (Hrsg.): Frühe Kindheit gestalten – Perspektiven zeitgemäßer Elementarbildung. Stuttgart: Kohlhammer, S. 31–44.

Thiersch, Hans (1993): Strukturierte Offenheit. Zur methodenfrage einer lebensweltorientierten Sozialen Arbeit. In: Rauschenbach, Thomas/Ortmannn Friedrich/Karsten, Maria-Eleonora (Hrsg.): Der sozialpädagogische Blick. Lebensweltorientierte Methoden in der Sozialen Arbeit. Weinheim und München: Juventa, S. 11–28.

Thiersch, Renate (2002): Sozialräumliche Aspekte von Bildungsprozessen – Sozialraumorientierung als Aufgabe für Kindertageseinrichtungen. In: Liegle, Ludwig/ Treptow, Rainer (Hrsg.): Welten der Bildung in der Pädagogik der frühen Kindheit und in der Sozialpädagogik. Freiburg im Breisgau: Lambertus, S. 242–257.

Tietze, Wolfgang/Lee, Hee-Jeong/Schreiber, Norbert (2008): Familienzentren NRW – Allgemeine pädagogische Qualität und die Qualität als Familienzentrum – Arbeitsbereich 7 der wissenschaftlichen Begleitung. Pädquis.

Ullrich, Wolfgang/Brockschnieder, Franz-J. (2009): Reggio-Pädagogik auf einen Blick – Einführung für Kita und Kindergarten. Freiburg im Breisgau: Herder.

von der Burg, Udo/Hülshoff, Rudolf (1979): Geschichten der Pädagogik. Düsseldorf: August Bagel.

Weber, Kurt (2020): Die Kita-Konzeption. Stärkung und Weiterentwicklung Ihres pädagogischen Profils. (2., erweiterte und aktualisierte Auflage). Köln: Carl Link.

Whalley, Margy (2008): Neue Betreuungsformen, neue Arbeitsweisen – das Pen Green Centre. In: Whalley, Margy und das Pen Green Centre Team (Hrsg.): Eltern als Experten ihrer Kinder – Das Early Excellence – Modell in Kinder- und Familienzentren. Berlin: Dohrmann, S. 21–30.

Winklhofer, Ursula (2018): Partizipation und Beschwerdeverfahren in der Kita. https://www.kita-fachtexte.de/de/fachtexte-finden/partizipation-und-beschwerdeverfahren-in-der-kita (Abfrage: 09.11.22).

Zeiher, Helga (1983): Die vielen Räume der Kinder. Zum Wandel räumlicher Lebensbedingungen seit 1945. In Preuss-Lausitz, Ulf et al. (Hrsg.): Kriegskinder, Konsumkinder, Krisenkinder. Zur Sozialisationsgeschichte seit dem Zweiten Weltkrieg. Weinheim und Basel: Beltz, S. 176–195.

Zeiher, J. Hartmund/Zeiher, Helga (1998): Orte und Zeiten der Kinder. Soziales Leben im Alltag von Großstadtkindern. Weinheim und München: Juventa.

Zinnecker, Jürgen (1979): Straßensozialisation. Versuch einen unterschätzten Lernort zu thematisieren. In Zeitschrift für Pädagogik, 25/5, S. 727–746.